STURM UND DRANG

STURM
UND
DRANG

EPOCHE DER
GRENZÜBERSCHREITUNGEN

GEFÄHRDETE EXISTENZEN

VERLAG JANOS STEKOVICS

Ortsvereinigung Hamburg
der Goethe-Gesellschaft in Weimar e. V.
Jahresgabe 2011

Inhalt

Vorwort

Sturm und Drang:
Epoche der Grenzüberschreitungen –
gefährdete Existenzen,

so lautete das Thema des 13. Klassik-Seminars am 3. und 4. Dezember 2010, mit dem die Tradition der Hamburger Goethe-Gesellschaft erfolgreich fortgeführt werden konnte. Die „Geniezeit“, die Epoche des Umbruchs, wurde in vier Vorträgen umrissen, vertieft, dargestellt. Die Sprengung der bisherigen Schranken, der bisher geltenden Regeln in Gesellschaft und Literatur, das „leidende Genie“, Familienkonflikte, Rebellion und Narzissmus waren die Themen der Vorträge, die viel Stoff für die anschließenden Aussprachen boten.

Prof. Dr. Matthias Luserke-Jaqui, Darmstadt, leitete die Vortragsreihe am Freitag ein mit dem Referat über „Sturm und Drang“, in dem er einen Überblick über diese Umbruchzeit gab. *Prof. Dr. Hans-Gerd Winter,* Hamburg, veranschaulichte in seinem Vortrag „Jakob Michael Reinhold Lenz – ‚schiffbrüchiger Europäer‘ und leidendes Genie“ die innere Zerrissenheit des Autors, und *Dr. Julia Schoell,* Bamberg, entwickelte in ihrem Vortrag die Moral und Ästhetik des Familienkonflikts in Schillers „Die Räuber“. Im abschließenden Vortrag setzte sich *Prof. Dr. Gert Sautermeister,* Bremen, mit „Rebellion und Narzissmus in Goethes Werther“ auseinander.

Der Vorstand der Hamburger Goethe-Gesellschaft dankt allen Referenten sehr herzlich dafür, dass sie ihre Manuskripte zur Verfügung gestellt haben.

Seit mehreren Jahren nun arbeitet die Hamburger Goethe-Gesellschaft mit dem Landesinstitut für Lehrerbildung und Schulentwicklung Hamburg zusammen und eröffnet damit Lehrerinnen und Lehrern der Hamburger Schulen eine weitere Fortbildungsmöglichkeit. Der Leitung des Landesinstituts und der Leitung des Tagungsbüros sei an dieser Stelle vielmals gedankt für die großzügige und professionelle Unterstützung.

Herr Oberschulrat Heinz Grasmück, Leiter des Referats Deutsch und Künste, hat das Seminar unterstützt und begleitet, wofür ich herzlichst danke.

Herr Clemens Heithus und Herr Dr. Uwe Petersen haben diesen Band bis zur Drucklegung betreut. Beiden sei dafür in besonderer Weise gedankt.

Ragnhild Flechsig
Erste Vorsitzende

Matthias Luserke-Jaqui

Sturm und Drang – Profil einer literaturgeschichtlichen Periode[1]

1.

Der Sturm und Drang ist in der Geschichte der deutschen Literatur die einzige Periode, die sich nicht griffig in einer adjektivischen Formel fassen lässt, ohne dadurch eine Bedeutungseinbuße zu riskieren. So ist beispielsweise die Literatur der Aufklärung die aufgeklärte Literatur, die Literatur der Romantik die romantische Literatur, die Literatur des Barock, des Naturalismus oder des Expressionismus die barocke, die naturalistische oder die expressionistische Literatur. Wie aber ist jene Literatur des Jahrzehnts zwischen 1770 und 1780 zu nennen, die als Sturm und Drang in die Literaturgeschichte eingegangen ist? Goethe und Lenz bilden literarisch und personell eine stabilisierende Achse des Sturm und Drang. Dies betrifft sowohl den Reichtum ihrer Werke als auch ihr persönliches Engagement, durch Besuche, Reisen und ausgedehnte Briefwechsel den Kontakt zu anderen Autoren des Sturm und Drang zu suchen, zu halten und zu festigen. Mit dem Bruch zwischen Goethe und Lenz, der sich bereits in Goethes Umzug nach Weimar im Jahr 1776 ankündigt, bricht auch dieses festigende Moment einer Gruppenkultur des Sturm und Drang auseinander. Die Zeit des allgemeinen Widerrufs beginnt. Die Arbeiten der Sturm-und-Drang-Jahre werden von den Autoren selbst der Vergessenheit anheimgegeben, die teilweise Selbstauslöschung soll einen Neuanfang ermöglichen (wie im Falle Klingers) oder die Werke werden einer umfassenden Revision unterzogen (wie im Falle Goethes). Widerruf und Revision kennzeichnen die späten Jahre des Sturm und Drang. Andere Autoren wechseln in bürgerliche Berufe (wie Merck und Schlos-

1 Diese Ausführungen stützen sich weitgehend auf meine Darstellung Matthias Luserke: Sturm und Drang. Autoren – Texte – Themen. Bibliographisch ergänzte Ausgabe. Stuttgart 2010 [[1]1997].

ser), sind verstummt (wie Füssli, der allerdings als Maler Karriere macht, wie Gerstenberg, Leisewitz, Lenz oder Maler Müller) oder früh verstorben (wie Wagner) oder sitzen in Haft (wie Schubart).

Was also ist Sturm und Drang, ist er mehr als nur ein literaturgeschichtliches Schlagwort? Beim Versuch einer allgemeinen Bestimmung des Sturm und Drang und seiner Literatur lassen sich einige Merkmale herausfiltern:

- Sturm und Drang ist jene Literatur zwischen 1770 und 1780, die gegenüber sich selbst den Anspruch erhebt, anders und das heißt Avantgarde zu sein (die zeitgenössischen Bezeichnungen hierfür lauten „junge Dichter“, „Genies“, „Goethe-Sekte“, „Originaldichter“).
- Sturm und Drang ist die Literatur, die sich bewusst formal wie inhaltlich von den bewährten Mustern der aufgeklärten Literatur der 1760er Jahre absetzt und sich der Fortschreibung dieser Literatur verweigert.
- Sturm und Drang ist die Literatur, die politisch sensibilisiert neue Themen sucht (etwa die Themen Kindsmord, Genieästhetik, Shakespeareianismus, Volkslieder) oder alte Themen neu zur Anschauung bringt (wie Liebe, Sexualität, Standesunterschiede, poetologische und ästhetische Fragen).
- Sturm und Drang ist Literatur, die philosophisch, theologisch und ästhetisch im Geist der Aufklärung gebildet ist und diesen Geist kritisch gegen die eigene Gegenwart wendet, die also gleichermaßen Kontinuität wie Diskontinuität der Aufklärung dokumentiert.
- Sturm und Drang ist Literatur, die in der Geschichte des Mittelalters und der Frühen Neuzeit das sucht und findet, was sie in der Gegenwart vermisst, die in Phantasmen das beschreibt, was ihr die Gegenwart verweigert. Die zeitgenössischen Begriffe für diese auf exemplarisches Handeln fixierten Autoren und ihre Figuren lauten dann ‚Kraftgenies‘ und ‚Kerls‘, denen es auch um die Emanzipation der Leidenschaften, um ungebändigte Sexualität statt zivilisatorisch überformter Empfindsamkeit geht. Goethe führt im zehnten Buch von *Dichtung und Wahrheit* den Begriff des „Selbsthelfers“ ein, der sich dann als Beschreibungs- und Kennzeichnungskategorie eines Sturm-und-Drang-Typus etabliert hat. So schreibt er über seinen Götz, er sei „die Gestalt eines rohen, wohlmei-

nenden Selbsthelfers in wilder anarchischer Zeit"[2]. Der Begriff ist gleichwohl ambivalent. Aus der Sicht des alten Goethe und seiner Zeitgenossen meint er nicht nur tatkräftiges, selbstständiges Handeln, sondern spielt auch auf die Wirkungslosigkeit und die geschichtliche Hilflosigkeit des Sturm und Drang an. Aus der Sicht des jungen Goethe und des Sturm und Drang hingegen bedeutet „Selbsthelfer" das eigenständige, selbstbestimmte Handeln, das an die Stelle fremden Handelns tritt. Das im späteren Kantschen Sinne konsequent aufgeklärte Subjekt ist der männliche oder weibliche Selbsthelfer des Sturm und Drang.

- Sturm und Drang ist Literatur, welche die Entdeckung des Individuellen als authentisches Erlebnis beschreibt, sich über Rollenzuweisungen in Drama und Lyrik hinwegsetzt und das je eigene Erlebnis und die je eigene Pein zum Gegenstand der Beschreibung macht, die beabsichtigt, „Gemälde zu liefern, ohne Subjekt", wie es in Herders Sammlung *Von Deutscher Art und Kunst* heißt[3], die das freie Individuelle höher schätzt als die Pflichten des Subjekts und die der Literatur damit einen unvergleichlichen Individualisierungsschub verleiht und die Literatur als Medium der Ichfindung begreift.
- Sturm und Drang ist Literatur, welche die Selbstbestimmung des Menschen nicht nur fordert, sondern literarisch beschreibt und damit Ideale der Aufklärung und ihr Scheitern konsequent vor Augen führt. Jakob Michael Reinhold Lenz formuliert schon sehr früh den Zweifel an dem aufgeklärten Autonomiepostulat und trifft damit den Ton der jungen Autoren, wenn er in seinem Essay *Über die Natur unsers Geistes* (entstanden 1771–1773) schreibt: „Jemehr ich in mir selbst forsche und über mich nachdenke, destomehr finde ich Gründe zu zweifeln, ob ich auch wirklich ein selbstständiges von niemand abhangendes Wesen sei, wie ich doch den brennenden Wunsch

2 Johann Wolfgang Goethe: Sämtliche Werke nach Epochen seines Schaffens. Münchner Ausgabe. Hgg. v. Karl Richter in Zusammenarbeit mit Herbert G. Göpfert, Norbert Miller, Gerhard Sauder u. Edith Zehm. Bd. 1 ff. München, Wien 1985 ff., hier Bd. 16, S. 445.

3 Herder/Goethe/Frisi/Möser: Von deutscher Art und Kunst. Einige fliegende Blätter. [1773]. Hgg. v. Hans Dietrich Irmscher. Stuttgart 1968 u. ö., S. 59.

in mir fühle. […] das erste aller menschlichen Gefühle" ist „unabhängig zu sein."[4]

- Sturm und Drang ist Literatur, die versucht, ihren gesellschaftlichen Standort jenseits der sozialen, und das heißt jenseits der ständisch-hierarchischen Zuweisungen zu finden und daran scheitert.
- Sturm und Drang ist Literatur, die nicht Vorschläge macht, sondern sich wehrt, die sich nicht arrangiert, sondern kritisiert; auch diese Haltung wird später wieder aufgegeben.
- Sturm und Drang ist Literatur, die sich eines neuen Tons in der Literatur, der Ästhetik, der Philosophie und der Literaturkritik bedient. Denn sie wagt, schrankenlos zu „elidieren", wie es Herder in *Von Deutscher Art und Kunst* gefordert hatte, und zeigt damit, dass sie sich über aufgeklärte Regelbindungen der Sprach- und Stilhöhe hinwegsetzt, stattdessen mit Auslassungen, Ellipsen und den Techniken der Verknappung arbeitet, um der unverfälschten Sprache der Leidenschaft Gehör zu verschaffen.
- Sturm und Drang ist Literatur, welche die Gattungsgrenzen ignoriert (man denke etwa an Lenzens Bestimmung der Komödie oder die Bedeutung der Tragikomödie), um die Echtheit des schöpferischen Erlebens zu wahren, und welche die Gattungscharaktere von Lyrik, Bürgerlichem Trauerspiel (am Beispiel von Lenzens *Hofmeister*) und Briefroman (am Beispiel von Goethes *Werther*) nachhaltig prägt, ihnen wegweisende Merkmale mitgibt, die bis heute fortwirken (z.B. zu erkennen an der Bedeutung von ‚Natur' und ‚Erlebnis' in Goethes *Sesenheimer Liedern*).
- Sturm und Drang ist der erste Versuch, ein Misslingen der Aufklärung zu denken, den Vollkommenheitsanspruch der Aufklärung mit den Unzulänglichkeiten der gesellschaftlich-historischen Wirklichkeit zu konfrontieren.
- Sturm und Drang ist eine Binnenrebellion, ein Aufstand gegen die Vaterinstanz in der Fremdbestimmtheit. Das Thema der feindlichen, sich befehdenden und schließlich einander umbringenden Brüder wird im Sturm und Drang zum Thema

4 Jakob Michael Reinhold Lenz: Werke und Briefe in drei Bänden. Hgg. v. Sigrid Damm. München, Wien 1987, Bd. 2, S. 619.

der Selbstzerstörung des Individuums. Das Drama des Sturm und Drang zielt von vornherein auf die Unversöhnlichkeit des gesellschaftlichen und des familialen Konflikts. Brudermord, Vatermord und Kindsmord erweisen sich als jene Themenbereiche, in denen die neue Literatur des Sturm und Drang ihre revolutionärste Darstellung findet. Nicht formal, sondern in der Radikalität, mit welcher diese Themen als die zentralen Konflikte der bürgerlichen Gesellschaft des 18. Jahrhunderts im literarischen Werk gestaltet werden.

2.

Die Literatur des Sturm und Drang entsteht in einer Zeit großer sozialer und kultureller Umbrüche. In den Jahren 1763 bis 1805 ist die Buchproduktion, wenn man als Maßstab die Kataloge der Buchmessen heranzieht, gegenüber dem Zeitraum von 1721 bis 1763 um über das Zehnfache angewachsen. Insgesamt wurden im 18. Jahrhundert rund 175 000 Titel verlegt, im 17. Jahrhundert waren es gerade einmal die Hälfte. Der Anteil der belletristischen Titel betrug im Jahr 1800 21,5 Prozent, 1740 lag er bei 5,8 Prozent.[5] Im *Hannoverischen Magazin* von 1782 war Folgendes zu lesen: „Gelehrte und Ungelehrte, Handelsleute, Handwerker, Ökonomen, Militärpersonen, Alte und Junge, männliches und weibliches Geschlecht sucht einen Teil der Zeit mit Lesen auszufüllen [...]. Alles will jetzt lesen, selbst Garderobenmädchen, Kutscher und Vorreuter nicht ausgenommen."[6] Die zunehmende Alphabetisierung und der Wechsel von der intensiven Wiederholungslektüre zum extensiven, einmaligen Lesen (zeitgenössisch charakterisiert durch das Stichwort ‚Lesewut') trugen nachhaltig zur Entstehung eines differenzierten Buchmarkts bei, der sich nicht nur an vorhandenen Lesebedürfnissen orientierte, sondern auch solche erst schuf. Neue Formen des Lesens wurden zu

5 Vgl. Reinhard Wittmann: Geschichte des deutschen Buchhandels. Ein Überblick. München 1991.

6 Zitiert nach: Bodo Plachta: Damnatur – Toleratur – Admittitur. Studien und Dokumente zur literarischen Zensur im 18. Jahrhundert. Tübingen 1994, S. 187.

Beginn der Aufklärung vor allem anhand der Zeitungen und der moralischen Wochenschriften erprobt.

Vor diesem Hintergrund nimmt sich die Literatur des Sturm und Drang mit knapp zwei Dutzend bedeutender Texte vergleichsweise bescheiden aus. Und doch gehört der Sturm und Drang in der deutschen Literaturgeschichte zu jener Phase der historischen Konsolidierung der bürgerlichen Gesellschaft im 18. Jahrhundert, die noch heute unseren Umgang mit Literatur und mit Fragen bürgerlichen Selbstverständnisses nachhaltig prägt. Wenn also die Rede vom Sturm und Drang ist, so gilt das Interesse einer historisch-literarischen Figuration, die ihre Bedeutung für die Gegenwart keineswegs verloren hat.

Gerhard Sauder prägte in kritischer Weiterführung der Forschungsergebnisse von Werner Krauss die Formel vom Sturm und Drang als „Dynamisierung und Binnenkritik" der Aufklärung. Der Aspekt der Weiterentwicklung und der radikalen Infragestellung aufgeklärter Positionen durch Autoren des Sturm und Drang wird damit unmissverständlich hervorgehoben, die Kontinuität von Aufklärung und Sturm und Drang gebührend berücksichtigt. Diesen Aspekt haben die grundlegenden Arbeiten von Andreas Huyssen (1980) und Gerhard Sauder (1984) ausführlich auf der Grundlage einer sozialgeschichtlichen Literaturwissenschaft für den wissenschaftlichen Diskurs gesichert und der Erforschung des Sturm und Drang damit neue Perspektiven eröffnet. Von dieser Diskussion ausgehend, haben Matthias Luserke und Reiner Marx 1992 vier Thesen zur Sturm-und-Drang-Forschung formuliert, welche die Formel vom Sturm und Drang als Dynamisierung und Binnenkritik, als „Seelengeographie" der Aufklärung psychohistorisch erweitern:

- *Chiffrenthese*: Versuchsweise können die Zeichen S u D (Sturm und Drang) als Chiffren für ‚Sexualität' und ‚Diskursivierung' gelesen werden, wodurch schlagwortartig charakterisiert wird, was von den Zeitgenossen im Anschluss an Klingers Dramentitel als „Sturm und Drang" bezeichnet wurde.
- *Verschiebungsthese*: Diese These geht davon aus, dass sich in der Literatur des Sturm und Drang die für die Aufklärung kennzeichnende Kritik an Adel und Hof auf eine Binnenkritik bürgerlicher Normen und Bewusstseinsformen verschiebt, die gleichwohl von Adligen und Bürgerlichen repräsentiert werden.

- *Dialektikthese*: Sturm und Drang als Dynamisierung und Binnenkritik der Aufklärung zu begreifen bedeutet, sowohl seinen Emanzipations- als auch seinen Kompensationscharakter geltend zu machen. Sturm und Drang ist eine Emanzipationsgeste gegenüber einer als repressiv erfahrenen Aufklärung und gleichermaßen Kompensation dieser nicht gelungenen Befreiung. Die Autoren beschwören die Geste und verharren in der Pein.
- *Kokonisierungsthese*: Vereinzelung, Versingelung und das genieästhetische Konzept der Einzigartigkeit, gebündelt im modernen Begriff der Kokonisierung, sind die Antwort der literarischen Avantgarde der 1770er Jahre auf den Prozess der Verbürgerlichung im 18. Jahrhundert. Vereinzelung ist jener Begriff, den Lenz in der *Moralischen Bekehrung eines Poeten* (1775) selbst für seine Lebenssituation prägte.

Johann Georg Hamann spricht in seinen *Chimärischen Einfällen* (1761) von der „Höllenfahrt der Selbsterkänntnis", die allein den „Weg zur Vergötterung" bahne, das unmittelbare Gefühl sei unersetzlich. Zu dieser Selbsterkenntnis gehört für Hamann die Einsicht, dass der Mensch ein Leidenschaftswesen ist: „Wenn unsere Vernunft Fleisch und Blut hat, haben muß, und eine Wäscherin oder Sirene wird; wie wollen sie es den Leidenschaften verbieten? Wie wollen Sie den erstgebornen Affect der menschlichen Seele dem Joch der Beschneidung unterwerfen?"[7] Die Emanzipation der Leidenschaften und die Rebellion gegen ihre Unterdrückung sind mithin ein von den Zeitgenossen als anthropologisch wesentlich gewertetes Anliegen des Sturm und Drang.

Das Urteil über die politische Schlagkraft, zumindest aber über die politischen Implikationen des Sturm und Drang, fällt heutzutage wesentlich differenzierter aus, als dies die These vom Sturm und Drang als prärevolutionäre ‚Bewegung' mit historischer Stoßrichtung auf die große Revolution von 1789 hin jahrzehntelang von der DDR-Germanistik und einigen bundesdeutschen Vertretern propagiert wurde. Die Einsicht in die Notwendigkeit politisch konkreter Veränderungen, wie sie Klinger in seinem

7 Johann Georg Hamann: Sämtliche Werke, Bd. 2: Schriften über Philosophie, Philologie, Kritik 1758–1763. Historisch-kritische Ausgabe, hgg. v. Josef Nadler. Wien 1950, S. 164.

Damokles (1790) formulieren wird, ist eine Einsicht der späten achtziger Jahre: „Da wo die Söhne von den Vätern abfallen, die Zwietracht in den Familien wütet, eigennützige Absichten die Bürger trennen, entflieht die Freiheit, und auf die Zerstörung der besten Gefühle der Menschen baut der Tyrann den Thron der Eigenmacht."[8] Im Prolog hatte der Verfasser geschrieben: „So machen leicht willige Sklaven den König zum Tyrannen; doch schwer legt man ein Volk in Ketten, das frei fühlt, frei sein und bleiben will!"[9] Und die Parallelisierung von ästhetisch-poetologischer und politischer Freiheit stammt nicht etwa von den Autoren des Sturm und Drang selbst, sondern von deren Kritikern. In den *Brelocken an's Allerley der Groß- und Kleinmänner* (1778) ist etwa die Rede von den „Diktatorsprätensionen" der Genies, und es wird an die Adresse der Sturm-und-Drang-Autoren gerichtet gefragt: „Und was ist *politische*, *gesellschaftliche Freyheit*? (moralische und natürliche kommen nicht in die Frage, gar nicht! [...], – Wenn ich Sinn und Gefühl habe für *Freyheit* des bürgerlichen Lebens, so kann sie nichts anders seyn, als feste, treue Handhabung der *gemeinschaftlich errichteten Gesetze*, die Eigenthum und Ehre schützen, und Bande sind für Reiche und Arme, Große und Kleine, Bürger und Obere; und, krächze wie du willst, diese Freyheit blühet und wird selten gekränkt. – Euer Seufzen über Tyranney wär' löblich und heilsam, wenns nur nicht jedem Unbefangenen einleuchtete, daß Ihr Ungebundenheit sucht und *frey* zu sein wähnen würdet, so bald sich – Alles nach euerm Kopf modelte, und, unterwürfig euern Diktatorsprüchen, Euch als weise Gesetzgeber verehrte [...]."[10] Der Sturm und Drang war also weder revolutionär, noch war er eine ‚Bewegung' noch gar eine revolutionäre ‚Bewegung'.

Die Versöhnung, wie es Walter Benjamin nannte, mit der Aufklärung gab es durchaus, doch hörte Sturm und Drang in diesem Augenblick auf Sturm und Drang zu sein. Die Versöhnung war ein Arrangieren der Avantgarde-Autoren mit den bestehenden Verhältnissen aus Gründen der persönlichen, sozialen oder literarischen Notwendigkeit. Diese Annäherung schließt den indivi-

8 Klingers Werke in zwei Bänden. Berlin, Weimar 1981, hier Bd. 1, S. 141.

9 Ebd., S. 138.

10 Johann Jacob Hottinger, Johann Rudolf Sulzer: Brelocken an's Allerley der Groß- und Kleinmänner. Leipzig 1778, S. 27 f.

duellen Opportunismus ebenso mit ein wie die Enttäuschung über die eigene Erfolglosigkeit als Autor oder über die Unveränderbarkeit der gesellschaftlichen Verhältnisse sowie den unausweichlichen Zwang zur Existenzsicherung. Die einzigen Ausnahmen sind Christoph Kaufmann, der lebte, was andere schrieben oder sagten, und selbst nicht schrieb, und Jakob Michael Reinhold Lenz, bei dem diese Verweigerung aber zum biographischen Riss führte und der schließlich literarisch verstummte.

Für die Zeitgenossen gehören Sturm und Drang und Empfindsamkeit als moderne und bewährte Formen der Aufklärung zusammen. Auf eine Formel gebracht und mit dem Risiko der notwendigen Verknappung: Sturm und Drang ist natürlich, Empfindsamkeit ist kultürlich. Wohl gibt es Empfindsamkeit im Sturm und Drang, aber keinen Sturm und Drang in einem empfindsamen Text. Es hat wohl kaum einen Sturm-und-Drang-Autor gegeben, bei dem sich nicht empfindsame Phasen nachweisen ließen.

Zudem kann man nicht von einer „bürgerlichen Masse" (Benjamin) der Aufgeklärten sprechen. Aufklärung ist zunächst eine Elitekultur, die dem Selbstverständnis und der Selbstversicherung der Nichtadligen dient, deren Ziel die nicht ganz uneigennützige allmähliche Verbesserung des Menschen und der Gesellschaft ist. Politische Revolutionäre gibt es im duodezfürstlichen Deutschland erst nach 1789, ihre Ansichten finden sich in der sogenannten jakobinischen Literatur, die eine radikale, buchstäblich verstandene Aufklärung Aller zum Wohle Aller formuliert. Insofern sind diese Revolutionäre aufgeklärt, die Aufklärer hingegen wollen nicht revolutionär sein. Sie suchen die Verständigung ebenso wie ihren Vorteil in einer lebenspraktischen Übereinkunft mit den Vertretern eines aufgeklärten Absolutismus.

Das Verhältnis des Sturm und Drang zur Aufklärung lässt sich beispielhaft am Verhältnis von Lenz zur Aufklärung betrachten. Das Emblem der Aufklärung ist das Licht, das in die dunkelsten Winkel leuchtet, doch bleibt ein Rest von Dunkelheit. Eine radikale Aufklärung, die alles erhellt und dabei verkennt, dass sie selbst Schatten wirft, ist ihr eigenes Trugbild. Lenz schreibt, „wo Licht hinfällt tritt die rückweichende Nacht desto dichter zusammen"[11]. Vielleicht, so könnte man fragen, sieht man

11 Lenz: Werke und Briefe Bd. 3, S. 300.

mehr, wenn man sich an das Dunkel gewöhnt? Wie die brennende Fackel der Wahrheit das Symbol der Aufklärung ist, so wird die mythologische Gestalt des Prometheus – nicht zuletzt durch Goethes berühmte *Prometheus*-Ode – zum Selbstbild der jungen Autoren des Sturm und Drang. Prometheus holt mit einer Fackel das Feuer vom Himmel und bringt es den Menschen, er stiehlt das Licht der Aufklärung und wird dafür vom Vater bestraft. In diesem Bild erweist sich der Sturm und Drang als eine Form radikalisierter Aufklärung. Denn das Feuer vom Himmel zu stehlen bedeutet neben einer Demütigung für den Göttervater auch einen Akt der Demokratisierung des Wissens. Prometheus bringt den Menschen auch das Wissen darum, wie Feuer zu machen ist. Und da Prometheus selbst zum Bildner wird, der Menschen schafft, trägt er maßgeblich zur Vermenschlichung der Kunst bei.

3.

Im Anschluss an Gerhard Sauders Modell einer konzentrierten Periodisierung lassen sich abschließend drei Phasen des Sturm und Drang voneinander unterscheiden:

1. In der Forschung herrscht Einvernehmen darüber, dass in den Begegnungen zwischen Herder und Goethe vom Spätsommer 1770 bis zum Frühjahr 1774 in Straßburg der Kern der Sturm-und-Drang-Kommunikation zu sehen ist. Die Texte, die vor 1770 veröffentlicht wurden und gemeinhin dem Sturm und Drang zugerechnet werden, können als vorbereitende verstanden werden. Dies betrifft vor allem Schriften von Hamann und Herder, aber auch Gerstenbergs *Ugolino* (1768).
2. Eine intensive Hochphase des Sturm und Drang kann für die Zeit der Gruppenbildungen der Autoren in Anspruch genommen werden, wie sie sich in Straßburg, Frankfurt, Darmstadt und Göttingen vollzogen haben. Diese Phase reicht bis in das Jahr 1776. Eine deutliche Zäsur, wenn nicht gar einen Riss erfährt der Sturm und Drang durch Goethes Amtsantritt in Weimar (Januar 1776; Ankunft in Weimar am 7. November 1775).
3. Eine eigentliche Schlussphase kann kaum benannt werden, denn bereits 1778 ist der Sturm und Drang ein historisches Phänomen. In der Forschung bleibt es umstritten, ob Schillers

Räuber (1781), *Fiesko* (1783) und *Kabale und Liebe* (1784), ob Schubarts *Sämtliche Gedichte* (1785–1786) und ob Heinses *Ardinghello* (1787) noch zu dieser Spätphase bzw. überhaupt zum Sturm und Drang gerechnet werden können.

Die Kritik der Sturm-und-Drang-Autoren gilt insgesamt repressiven Strukturen, seien diese Produkt einer diskursiven Praxis etwa im Bereich der Philosophie, der Theologie, der ästhetischen und poetologischen Regeln oder seien diese Produkt gesellschaftlicher Prägungen. Vier Gegenstandsbereiche dieser Kritik lassen sich behelfsmäßig voneinander abgrenzen:

1. Die Kritik bezieht sich auf das Herrschaftsverhältnis im Bereich gesellschaftlicher Macht. Dieser Bereich wird in der Forschung meist unter den Stichwörtern ‚Adelskritik', ‚Gesellschaftskritik' und ‚Zivilisationskritik' zusammengefasst, obwohl nicht immer klar zu unterscheiden ist, was im konkreten Einzelfall darunter verstanden wird. Dic Adels- bzw. Ständekritik kann allcrdings auch aus der rückschauenden Kenntnis des historisch-gesellschaftlichen Prozesses als Kritik an der sich konsolidierenden gesellschaftlichen Macht gerade des aufgeklärten Bürgertums gedeutet werden.
2. Die Kritik bezieht sich auf die Unterdrückung durch die Herrschaft poetologischer Regeln, deren ästhetische Normen, insbesondere dramentheoretische Vorschriften, sich letztlich auf Geschmacksurteile und moralische Werte gründen. Das ästhetisch Gute ist das, was sich zivilisatorisch schickt. Der Sturm und Drang reagiert hierauf mit einem entfesselten Enttabuisierungswillen. Die ästhetische Rebellion wird ausgetragen als Aristoteles-Shakespeare-Debatte und Befehdung der aufgeklärt-normativen Poetik.
3. Diese Ästhetikkritik ist mit der Kritik an sexueller Repression durch die bürgerliche Gesellschaft verschränkt. Sexualität wird nun Gegenstand der Enttabuisierung, an ihr werden die Mechanismen und die Folgen gesellschaftlicher Unterdrückung und der Verinnerlichung ihrer Bändigungszwänge gezeigt. Die Vernunftherrschaft, als Autokratie absolut gesetzter Normen bürgerlicher Verhaltensstandards verstanden, wird als jener Punkt kritisiert, an dem sich Aufklärung in Repression verkehrt. Insbesondere betrifft dies die von den Sturm-und-Drang-Autoren mit Macht eingeforderte Emanzipation der Leidenschaften. Es liegt auf der Hand, dass dies

auch Auswirkungen auf die Gegenstände der literarischen Darstellung und Darstellungsweise hat. So schreibt Hamann an Herder schon am 23. Mai 1768, er habe „mehr die *inferna* eines Torso als die *superna* einer Büste zu erkennen und zu unterscheiden gesucht. Und meine grobe Einbildungskraft ist niemals im Stande gewesen, sich einen schöpferischen Geist ohne *genitalia* vorzustellen.“[12]

4. Schließlich betrifft die Kritik der Sturm-und-Drang-Autoren ihren Selbstanspruch, dass nur der literarische Diskurs (einschließlich der brieflichen und literaturkritischen Äußerungen) des Sturm und Drang Erkenntnis über Formen repressiver Aufklärung zu bieten vermag. Das bedeutet, dass sich der Sturm und Drang einer einheitlichen Theoriebildung verweigert, da die diskursive Macht einer Theorie bereits wieder Repression erzeugt. Während es zeitgenössische aufgeklärt dominante theologische, medizinische oder juristische Theorien gibt, gibt es keinen theologischen, medizinischen oder juristischen Sturm und Drang. Sturm und Drang versteht sich somit konsequenterweise als einziges nicht-repressives Korrektiv der Aufklärung und zur Aufklärung.

Sturm und Drang ist also in Differenz und Kontinuität zur Aufklärung zu denken. Die Autoren des Sturm und Drang hatten erkannt, dass Aufklärung repressiv werden kann, und dagegen rebellierten sie. So verstanden waren sie keine ignoranten Aufklärungsgegner, sondern leidenschaftlich aufgeklärt. Die entschiedene Kritik an repressiven Strukturen war eine fundamentale Machtkritik, die sich sowohl auf diskursive Praktiken als auch auf Herrschaftspraktiken bezog. Im Schnittfeld von Adelskritik, Zivilisationskritik, Kritik an der eigenen bürgerlichen Schicht und Kritik an der Herrschaft poetologischer Regeln lässt sich das Postulat einer Emanzipation der Leidenschaften erkennen. Hier erfährt die Literatur durch den Sturm und Drang eine veränderte Funktionsbestimmung. Nur die Literatur – in ihrer fiktionalen wie nicht-fiktionalen Gestalt – kann die Aufklärungsarbeit über Formen aufgeklärter Repression leisten. Auf der produktionsästhetischen Seite entspricht dem die Einstellung, dass die Sturm-

12 Johann Georg Hamann: Briefwechsel. Bd. 2: 1760–1769. Hgg. v. Walther Ziesemer u. Arthur Henkel. Wiesbaden 1956, S. 415.

und-Drang-Autoren ein einheitliches, integratives, systematisches Konzept verweigern. Eine Theorie des Sturm und Drang, ob literarisch, poetologisch oder gesellschaftlich, oder auch eine selbständige und zusammenhängende Ästhetik des Sturm und Drang gibt es nicht. Nachweisbar ist lediglich eine ästhetische kritische Reflexion im Kontinuum aufgeklärten Denkens. Das Medium der Repressionskritik ist für die Autoren des Sturm und Drang die Literatur, nur sie vermag Aufklärung über die Aufklärung zu verbürgen. Die Maxime der Aufklärung, den Verstand aufzuklären und das Herz zu bessern, wird im Sturm und Drang umgekehrt. Nun rufen die jungen Dichter: Wir wollen das Herz aufklären und den Verstand bessern.

Hans-Gerd Winter

Jakob Michael Reinhold Lenz – „schiffbrüchiger Europäer" und leidendes Genie

„Ach ihr großen aufgeklärten Menschen, wenn ihr wüsstet, wie es in dem kleinen engen Zirkel der Gedanken jener Unterdrückten aussieht, denen ihr ihn immer weiter einschränkt, wie schwach und ohnmächtig jeder Entschluß, wie dunkel und traurig jede Vorstellung.

Was Wunder, dass sie sich am Sinnlichen halten und bei dem Brett, das sie im Schiffbruch ergriffen und mit dem sie ans Land schifften, eurer hohen und übertriebenen Ideen, eurer Schiffe in vollen Segeln auf der hohen See lachen und spotten."[1]

Hier haben wir bereits die Metapher vom Schiffbruch, die der Titel unseres Vortrags enthält. Die Schiffbrüchigen werden denen gegenübergestellt, deren Schiffe mit „vollen Segeln" über die Meere fahren. Die Sätze aus Lenz' Dramenfragment *Die Kleinen* charakterisieren anschaulich das Verhältnis des Sturm und Drang-Autors zur Aufklärung. In ihnen spiegelt sich eine Enttäuschung über die Aufklärung, die aus seiner Sicht wie überhaupt aus der Sicht der Stürmer und Dränger eher zum Selbstzweck geworden ist statt zum Mittel, Herrschaft, sei es ideologische, psychosoziale oder soziale, zu destruieren. Mit unter anderem Gerhard Sauder gehen wir davon aus, dass der Sturm und Drang sowohl eine Binnenkritik als auch eine Radikalisierung der Aufklärung bedeutet.[2] Er ist – auch Lenz – keineswegs grundsätzlich aufklärungsfeindlich. Es lassen sich anknüpfend an Matthias Luserke[3] grob fünf

1 Jakob Michael Reinhold Lenz: Werke und Briefe in drei Bdn. Hg. von Sigrid Damm. Bd. 1. Leipzig 1987, S. 761. Variante zum Monolog von Engelbrecht in der Eingangsszene von *Die Kleinen.*

2 Johann Wolfgang Goethe: Der junge Goethe 1757–1775. Hg. von Gerhard Sauder. München 1985. (Münchner Ausg. Bd. 1,1.), S. 756.

3 Matthias Luserke: Leidenschaftlich aufgeklärt. In: Jakob Michael Reinhold Lenz: Der Hofmeister, Der neue Menoza, Die Soldaten. München 1993, S. 18–19.

Bereiche unterscheiden, in denen die junge Generation der Stürmer und Dränger rebelliert und eigene Wege zu gehen versucht:

1) die Machtverhältnisse in der Gesellschaft (Adels- und Zivilisationskritik, aber auch Kritik am Bürgertum, das im Begriff ist, sich im 18. Jahrhundert als ein eigener Stand zu etablieren),
2) Kritik an den ästhetischen Regeln, Ablehnung jeder Regelpoetik, Propagierung der Freiheit der dichterischen Imagination.

Beide Kritikpunkte sind drittens verflochten mit der Kritik an sexueller Repression. Die Sexualität und der Geschlechterdiskurs werden tendenziell enttabuisiert. Dies gilt in besonderem Maß für Lenz. Viertens wendet man sich gegen die etablierten Wissensdiskurse. Die Verweigerung erfolgt aus der Erkenntnis, dass Diskurse Unterdrückung schaffen können, was in der Gegenwart vor allem Foucault dargelegt hat. Die Schreibweise der Stürmer und Dränger, besonders die von Lenz wendet sich entsprechend gegen theoretisch-systematische Diskurse zugunsten einer offenen, rhapsodischen Schreibweise, die den einverständigen Leser zum Mitdenken zwingt. Beispiel: die betont unsystematische Schreibweise der Anmerkungen übers Theater. Fünftens entspricht den Wünschen und Zielen der Stürmer und Dränger ein neues Bild des Schriftstellers: der Autor als Genie, der in anschauender Erkenntnis Realitäten schafft, die wie auch immer quer zur erfahrenen Wirklichkeit stehen, obwohl sie andererseits von dem „Standpunkt“ des Autors in dieser geprägt sind.

Heute gilt Jakob Michael Reinhold Lenz neben Goethe als der profilierteste Autor des Sturm und Drang. Das war nicht immer so. Goethes Machtspruch im 14. Buch von „Dichtung und Wahrheit“, Lenz sei als ein „vorübergehendes Meteor (...) augenblicklich über den Horizont der deutschen Literatur“ hingezogen und „plötzlich“ verschwunden,[4] der lange zur Marginalisierung Lenz’ beigetragen hat, gilt heute nicht mehr. Lenz wird in der Wissenschaft als der am deutlichsten sozialkritische Autor seiner Generation angesehen, als derjenige, der versucht hat, in umfangreichen Projektentwürfen gesellschaftliche Probleme anzugehen. Er setzt, Shakespeares Schreibweise radikalisierend, am entschiedensten auf eine offene, antiaristotelische Form im Drama und ist damit ein wichtiges Vorbild für Büchner, den frühen Hauptmann und

4 Johann Wolfgang Goethe: Werke (Hamburger Ausg.) Mit Anm. vers. von Erich Trunz. Bd. 10, S. 12.

für Brechts episches Theater. Lenz' Texte runden sich in der Regel nicht zu einem abgeschlossenen Ganzen, sie bleiben in sich selbstironisch, widersprüchlich und ambivalent. Dem Autor fehlt die harmonisierende Vision eines bruchlosen Fortschritts, wie er in Teilen der Aufklärung vertreten wurde. Das Verstörende der Texte, das man erst in der heutigen Zeit würdigen kann, wird am besten durch Lenz' Wort vom „graden“ Blick in einer „schraubenförmigen“ Welt charakterisiert.[5]

Obwohl es in den letzten zwei Jahrzehnten eine Art Lenz-Boom in der Wissenschaft gegeben hat, ursprünglich ausgelöst durch die Kritik an der Klassik in der Studentenbewegung der endsechziger Jahre und vorher schon durch das Eintreten von Autoren wie Brecht für ihn, sind die Folgen seiner jahrzehntelangen Marginalisierung noch längst nicht ausgeglichen. Es gibt immer noch keine historisch-kritische Ausgabe seiner Werke, was ärgerlich ist. Die umfangreichste, leidlich verlässliche Ausgabe stammt von der Berliner Autorin und Wissenschaftlerin Sigrid Damm.[6] Weniger umfangreich ist die Ausgabe von Friedrich Voit bei Reclam.[7] Wenn Sie zeitgenössische Lenz-Ausgaben aufschlagen, kann es Ihnen vor allem bei den Gedichten passieren, dass die Fassungen voneinander abweichen – eine Folge des Fehlens einer verlässlichen historisch-kritischen Ausgabe. Sigrid Damm hat auch die immer noch empfehlenswerteste Biographie geschrieben.[8] Einen Überblick über Leben und Werk liefern der bei Reclam erschienene Band von Georg-Michael Schulz und mein Band in der Sammlung Metzler.[9] Ich habe auch eine Reihe von Sammelbänden mit herausgegeben, die den jeweiligen Stand

5 Zitat aus den Handschriften zum „Berkaer Projekt“ nach David Hill: Die Arbeiten von Lenz zu den Soldatenehen. Ein Bericht über die Krakauer Handschriften. In: „Unaufhörlich Lenz gelesen.“ Hg. von Inge Stephan und Hans-Gerd Winter. Stuttgart 1994, S. 125.

6 Vgl. Fußnote 1. Vgl. auch: Jakob Michael Reinhold Lenz: Werke in zwölf Bdn. Faksimiles der Erstausgaben seiner zu Lebzeiten selbständig erschienenen Texte. Hg. von Christoph Weiß. St. Ingbert 2001.

7 J. M. R. Lenz: Werke. Hg. von Friedrich Voit. Stuttgart 1992. (Reclam. 8755.)

8 Sigrid Damm: Vögel die verkünden Land. Berlin, Weimar 1985.

9 Georg-Michael Schulz: J. M. R. Lenz. Stuttgart 2001. (Reclam.17629.); Hans-Gerd Winter: Jakob Michael Reinhold Lenz. 2. Aufl. Stuttgart 2000. (Sammlung Metzler. 233.)

der Lenz-Forschung repräsentieren.[10] An dieser Tagung nimmt als Referent auch Matthias Luserke teil, der zahlreiche Studien zu Lenz veröffentlicht hat[11] und auch wichtige Texte mit edierte wie das *Pandämonium Germanikum*. Er ist auch Mitherausgeber des Lenz-Jahrbuches.[12]

Lied eines schiffbrüchigen Europäers

Auf einer wüsten Insel, von der man von Zeit zu Zeit Rauch aufsteigen sehen, aber wegen einer heftigen Brandung nicht zu Hülfe kommen konnte. Diese Insel erschien Capitain Wallis als er vorbey segelte, ein völlig unwirthbarer Felsen.

Wenn ich's noch bedenke –
Auf der langen Seereis' – überall –
Wo die Luft so feucht war, gab sie Wein
Auf Madera, an dem frohen Cap –
Wo sie scharf war, wuchsen Cokusnüsse –
Wo es kalt war, flözt sie uns Holz zu.
Riesen sahen wir, wie David,
Und bezwungen sie mit kleinen Steinchen;
Wilde Teufel sahen wir, sie sangen
Uns die kauderwelschen Friedenslieder
Daß wir ihrer Gutheit lachten –
Ach! wohlthätige Natur!
Sieh! Dieß lezte Scheitchen Holz
Leg ich auf – Sein Rauch verschwindet
In die Luft – Und Niemand meldet sich –
Allbedenkende Natur!
Hast du mich vergessen?[13]

10 „Unaufhörlich Lenz gelesen..." Studien zu Leben und Werk von J. M. R. Lenz. Stuttgart 1994; „Die Wunde Lenz". J. M. R. Lenz: Leben, Werk und Rezeption. Bern, Berlin 2003; Zwischen Kunst und Wissenschaft. Jakob Michael Reinhold Lenz. Bern, Berlin 2006. Alle hg. von Inge Stephan und Hans-Gerd Winter.

11 Vgl. u. a. Fußnote 3 und: Matthias Luserke: Sturm und Drang. Autoren, Texte, Themen. 2. Aufl .Stuttgart 1999; Lenz-Studien. St. Ingbert 2001

Dieses Lied ist kein Lied im Sinne von inszenierter Liebes- und Erlebnislyrik wie die von Goethe und Lenz verfassten Sesenheimer Lieder, sondern als Medium des Rückblicks und der Reflektion episch, im Sprechgesang vorgetragene Dichtung. Es bezieht sich auf das Zeitalter der Entdeckungen und des beginnenden Kolonialismus, der Naturausbeutung, der Bezwingung von Ureinwohnern im Kampf und der europäischen selbstverständlichen Überlegenheit und Überheblichkeit. Doch ist dieser Europäer als Einzelner schiffbrüchig geworden. Er wird dabei kein Robinson Crusoe, sondern er erfährt existenziell die Einsamkeit des auf einer Insel Zurückgebliebenen. Er ist in eine radikale Distanz zur Welt, der er angehörte, gezwungen. Das zeigt schon die doppelte Distanzierung von ihm im Untertitel. Zugleich geht ihm am Ende des Gedichtes das Holz aus, um durch Rauchzeichen auf sich aufmerksam zu machen. Die „wohltätige“ und „allbedenkende“ Natur, die er ausgebeutet hat, hat ihn vergessen. Verse 1–12 zeigen einen ungebrochenen Eroberungsdrang, eine Gewissheit, die Fremde nach den eignen Mustern einordnen zu können, das Vertrauen, die Natur sei auf ihn, den Abenteurer und Eroberer ausgerichtet; der Europäer sieht auf die Völker herab, die abweichende, fremde Verhaltensweisen zeigen. Ab Vers 13 wird dann das Gegenbild zu diesem Optimismus entworfen. Die Natur, die bisher als den Menschen untergeordnet und beherrschbar erschien, nimmt ihn jetzt nicht mehr wahr. Sie behauptet ihre Autonomie gegenüber dem Zugriff des Menschen. Die Selbstverständlichkeit, mit der sich das sprechende Ich als Teil einer überlegenen Gemeinschaft sah, ist der Verzweiflung über die eigene Isolation gewichen. Die Frage am Ende, ob das Ich der Vergessenheit preisgegeben sei, knüpft an die sehnsuchtsvolle Erinnerung („Wenn ich's noch bedenke“) in der ersten Zeile an. In dieser drückt sich der Wunsch aus, das gegenwärtige Leiden im Hinblick auf eine bessere Zukunft zu überwinden, die gleichwohl nicht oder noch nicht in Aussicht steht. Die Vergangenheit wird in ihrer Problematik erinnert, weniger in der Selbstreflektion des

12 Dieses erscheint seit 1991. Aktuell wird es herausgegeben von Nikola Roßbach, Ariane Martin und Matthias Luserke-Jaqui.

13 In: Gert Vonhoff. Subjektkonstitution in der Lyrik von J. M. R. Lenz. Mit e. Auswahl neu hg. Gedichte. Frankfurt 1990, S. 222 f. Erstdruck: Musenalmanach für 1776, S. 98 f.

lyrischen Ichs als in der Art, wie diese Erinnerung sprachlich und stilistisch die Selbstverständlichkeit ihrer Perspektive preisgibt. Das Bild des isolierten Ichs wird bereits in der Überschrift entworfen, die den Schein eines historischen Berichts vorgibt. Man kann in dem Gedicht eine scharfe Kritik am Fortschrittsdenken der Aufklärung, an ihrem zweckrationalen Verhältnis zur Natur und an ihrem Eurozentrismus sehen. Unter der Ebene dieser Aufklärungs- und Kolonialismuskritik, zu der Lenz sicher mit durch die Lektüre von Herders *Auch eine Philosophie der Geschichte zur Bildung der Menschheit* angeregt worden ist, liegt eine zweite Ebene. Man kann dieses Gedicht nämlich auch allgemeiner als eine Klage über die radikale Einsamkeit des sprechenden lyrischen Ichs in seiner Zeit auffassen. Der Schiffbruch steht für das Scheitern des bisherigen Lebensentwurfs, für das Zurückgeworfensein auf sich selbst, für radikale Einsamkeit. Ausgeschlossen aus der Kommunikation, da von anderen Menschen nicht mehr erreicht, ausgeschlossen aus der Welt, deren Normen und Werte es mit vertrat, ausgeschlossen auch aus der wohltätigen Natur, die es selbstverständlich genutzt hat, steht das lyrische Ich radikal für sich, ist letztlich nur noch auf die Suche nach dem eigenen inneren Kontinent angewiesen. Zugleich steht sein Überleben in Frage.

So vorsichtig man sein soll mit einer biographischen Deutung von literarischen Texten, sie drängt sich hier auf, der Autor selbst hat, metaphorisch gesprochen, Erfahrungen des Schiffbruchs gemacht, er kann als ein schiffbrüchiger Europäer angesehen werden, er hat im Gegensatz zu den anderen Stürmern und Drängern diesen Kontinent durchmessen, jedoch war er immer wieder Katastrophen ausgesetzt. Geboren in Livland (heute Lettland), Studium in Königsberg, hier entgeht er dem Schiffbruch durch den Weggang nach Straßburg, hier scheitert er letztlich als freier Autor, was angesichts der damals unsicheren Marktverhältnisse nicht zufällig ist, Schiffbruch, er geht nach Weimar zu Goethe, von dem er nach dem Bruch der Freundschaft des Landes verwiesen wird, erneuter Schiffbruch, er lebt danach in der Schweiz und bekommt dann im Elsässer Steintal bei dem Pfarrer Johann Jakob Oberlin Anfälle, erste deutliche Anzeichen seiner Geisteskrankheit, die ihn außer sich setzt, Schiffbruch, er kommt nach Livland, nach Riga zurück, erhält dort die angestrebte Stelle als Schulrektor nicht, erneuter Schiffbruch, scheitert in Petersburg, der damaligen Hauptstadt Russlands, in der Konkurrenz um Anerkennung und Stellen, erneuter Schiffbruch, geht schließlich nach Moskau, wo er stirbt als einer, der in Russland viele Projekte formuliert, aber letztlich wenig bewirkt hat. „Schiffbruch“ meint dabei nicht nur ein äußeres Scheitern, er beinhaltet vor allem einen mentalen Zusammenbruch, das Scheitern von Hoffnungen, Zielsetzungen, Identifikationen. Trotz der Parallele zwischen dem Autor und dem lyrischen Ich des Liedes darf letzteres keineswegs als identisch mit dem Autor gesetzt werden. Es handelt sich bei dem lyrischen Ich um eine Kunstfigur, einen Teil des Konstruktes Lied. Eher sollte man argumentieren, dass Lenz hier eigene Erfahrungen und Versagensängste vermittels der imaginierten Figur des scheiternden Seefahrers literarisiert, hinter der er selbst verschwinden kann.

Lenz ist beeinflusst durch die zeitgenössische Vorstellung vom Schriftsteller als einem Genie, das seinen Imaginationen folgt, nicht aber vorgegebenen Regeln. Im Grunde wirkt dieses Bild vom Dichter, das sich durchsetzt mit dem Übergang vom ständischen Autor zum freien Autor, der für den sich im 18. Jahrhundert mit der Zunahme der Leser allmählich bildenden anonymen Markt produziert, bis heute nach. Für Lenz, der unter anderem Shaftesbury, Young und Herder gelesen hat, unterliegt das dichterische Genie, wie er in den *Anmerkungen übers Theater* formuliert, dem Trieb, „s' ihm [Gott] nachzutun“, im „Sturm das All zu erfassen“.[14] Durch eine intuitive Wesensschau ordne es die zersplitterte Alltagserfahrung neu. Diese Fähigkeit mache den eigentlichen Kern der Genialität aus. Allerdings müsse diese zusammengehen mit Gestaltungskraft, „Begeisterung, Schöpfungskraft, Dichtungsvermögen“.[15] Mit dieser sei der Dichter an die außersubjektive Wirklichkeit, an seine Stellung in der Gesellschaft, an sein Schicksal, seine Erfahrungen gebunden: „Der wahre Dichter verbindet nicht in seiner Einbildungskraft, wie es ihm gefällt. (…) Er nimmt Standpunkt – und dann muß er so verbinden.“[16]

14 Lenz: Werke und Briefe. Bd. 2, S. 645, 647.

15 Ebd., S. 648.

16 Ebd., S. 648.

Da Lenz mehrfach das eigene Scheitern erfährt, auch spürt, dass er als Autor in seiner Zeit nicht wirklich anerkannt ist, stilisiert er sich zum leidenden, scheiternden Genie. „Ein Poet ist das unglücklichste Wesen unter der Sonnen."[17] In dem Gedicht *Über die deutsche Dichtkunst* formuliert er zunächst die Hoffnung, „Deutschlands Freude und Lieflands Stolz" zu werden, doch sieht er dann „seine Wurzel" auf einem „Sandkorn" stehen und nimmt er seinen Tod als unbekannter Dichter vorweg:

> Unberühmt will ich sterben
> Will in ödester Wüste im schwarzen Tale mein Haupt hin
> Legen in Nacht – kein Chor der Jünglinge soll um das Grab des Jünglings
> Tanzen, keine Mädchen Blumen drauf gießen
> Kein Mensch drauf weinen Tränen voll Nachruhm
> Weil ich so verwegen – so tollkühn gewesen
> Weil auch ich es gewagt zu dichten.[18]

In der dramatischen Skizze *Pandämonium Germanikum* lässt er einen Kritiker fragen:

„Wer ist denn dieser Lenz, den kenn' ich ja gar nicht." Mehrere Kritiker lässt er fragen: „Kennen sie den Herrn Goethe? Und seinen Nachahmer den Lenz?"[19] Diese Fragen beziehen sich darauf, dass Goethe Lenz bei der Publikation seiner ersten Werke geholfen hat, dass aber Dramen wie der *Hofmeister*, die zunächst anonym erscheinen, überwiegend Goethe zugeschrieben werden, zumal Goethe ohnehin als der Vormann der Stürmer und Dränger gilt. Lenz zweifelt ständig daran, dass er sein literarisches Programm verwirklichen kann. Im *Pandämonium Germanikum* lässt er die von ihm hoch geschätzten Klopstock, Herder und Lessing kommentieren: „Der brave Junge. Leistet er nichts, so hat er doch groß geahndet."[20] Diese Formulierung zeigt auch, wie

17 An Herder 18. November 1775. In: Werke und Briefe. Bd. 3, S. 352.

18 Werke und Briefe, Bd. 3, S. 116 f.

19 Jakob Michael Reinhold Lenz: Pandämonium Germanikum. Eine Skizze. Synoptische Ausg. beider Handschriften. Mit e. Nachwort hg. von Matthias Luserke und Christoph Weiß. St. Ingbert 1993, S. 18.

20 Lenz: Pandämonium, S. 56.

Lenz aus der Not eine Tugend macht. So sehr er in der Gegenwart verkannt wird, geht er davon aus, dass er in der Zukunft an Wert gewinnen kann. Der Dichter als Genie ist für Lenz also nicht nur eine Auszeichnung, sondern auch eine Bürde. Dies geht so weit, dass er den Dichter als „Märtyrer, (...) den Busen voll von seinem Leiden“[21] sieht. Es sei hier nicht diskutiert, inwieweit diese Rolle eine Pose ist – die vorhin zitierten Gedichtszeilen legen dies auch nahe – oder Lenz' wirkliche Überzeugung. Die Christus-Assoziationen dieser Märtyrerrolle, die Anspielungen auf Christi Passion sind bei Lenz überdeutlich. Christus gilt Lenz als der für alle Menschen vorbildlich Leidende.[22] Eine weitere Identifikationsfigur ist für Lenz Prometheus, der zur Strafe für den dem Menschen nutzbringenden Raub des Feuers zum Leidenden und Ausgestoßenen gemacht wird, indem die Götter ihn an den Kaukasus schmieden lassen. Das Märtyrertum des Genies weist auf die Romantik voraus, wo dies eine weitgehend geteilte Überzeugung ist; Schopenhauer knüpft an es an, mit seinem tragischen Künstler-Genie, als dessen Prototyp ihm Goethes *Tasso* gilt, in dem heute viele Interpreten einen Reflex des Autors auf Lenz sehen. Die Tradition reicht bis in die Leidensideologie, welche die *Tragische Literaturgeschichte* Walter Muschgs trägt. Besonders können die in ihrer Zeit verkannten und scheiternden Dichter als Märtyrer betrachtet werden wie zum Beispiel Kleist, Hölderlin und Robert Walser.

Kommen wir zum Leben des Autors und zum kurzen Werküberblick. Jakob Michael Reinhold Lenz wird am 12. Januar 1751 in Seßwegen (Casvaine)/Livland, heute Lettland, geboren. Er stirbt am 24. Mai 1792 in Moskau. Der Sohn eines Pfarrers und einer Pfarrerstochter wächst in einem patriarchal geprägten Familienzusammenhang auf; die väterliche Autorität bildet für ihn ein lebenslanges Problem. Ihren Einfluss belegt das Hexameterepos *Der Versöhnungstod Jesu Christi,* das 1766 in den „Gelehrten Beiträgen zu den Rigischen Anzeigen“ erscheint. Im gefühlsmäßigen Nacherleben von Jesu Tod nach dem Vorbild Klopstocks ruft es zu Reue und Buße auf. Im selben Jahr schreibt Lenz das Drama

21 An Lavater 3. September 1775. Werke und Briefe, Bd. 3, S. 334.

22 Vgl. Jakob Michael Reinhold Lenz: Über die Natur unseres Geistes. In: Werke und Briefe. Bd. 2, S. 623 f.

Der verwundete Bräutigam für eine Adelshochzeit. Die im Stil der Empfindsamkeit gestaltete Beziehung zwischen den Liebenden wird konfrontiert mit dem Aufbegehren eines Dieners gegen die Willkür des Gutsbesitzers, worin sich erstmalig Lenz' Sensorium für soziale Spannungen zeigt. Nach einem Besuch der Lateinschule in Dorpat, heute Tartu (Estland) (ab 1759) studiert Lenz ab Herbst 1768 in Königsberg Theologie. Dort besucht er auch Vorlesungen von Kant, auf den er 1770 „im Auftrag aller Cur- und Liefländer" eine Preisode schreibt. 1769 veröffentlicht Lenz den Gedichtszyklus *Die Landplagen,* in dem Natur- und vom Menschen verursachte Katastrophen als Gottesgerichte interpretiert werden.

Gegen den väterlichen Wunsch, eine Hofmeisterstelle anzunehmen, um in Livland Pfarrer zu werden, folgt Lenz Frühjahr 1771 ohne Studienabschluss den kurländischen Baronen v. Kleist nach Straßburg, wo diese als Offiziere in die französische Armee eintreten. Der Vater wird dem Sohn diesen Schritt, der einen Aufbruch aus der Enge Livlands in eine freiere Existenz als Schriftsteller beinhaltet – man denke dabei auch an Herders Aufbruch, den er 1769 im „Journal meiner Reise" darstellt –, nie verzeihen, der Sohn Schuldgefühle nicht überwinden. Mit Recht sind große Teile von Lenz' Werk unter dem Gesichtspunkt des Gleichnisses vom verlorenen Sohn interpretiert worden, der gerade nicht wieder in die Familie aufgenommen wird. Lenz lernt 1771 im Kreis um Salzmann Goethe kennen. In der Teilnahme an Goethes Selbstentfaltung will er die eigene vorantreiben. Lenz nimmt dessen Ratschläge zur Korrektur seiner Bearbeitungen von Plautus' Komödien (gedruckt 1774) an. Goethe besorgt Lenz Verleger, Lenz schreibt preisende *Werther*-Briefe und eine Rezension des *Goetz*. In der dramatischen Literatursatire *Pandämonium Germanikum* (veröffentlicht erst 1819), die das literarische Leben der eigenen Zeit in den Bildern von Berg, Tempel und Gericht kritisch-parodistisch vorführt, lässt Lenz sich Goethe in einem weiten Abstand auf den Gipfel folgen. Am Ende stilisiert er den Freund zum Herrscher im zeitgenössischen literarischen Feld und sich selbst als einen Autor, dessen Wert erst in der Zukunft erkannt werde.

Lenz arbeitet bis Herbst 1774 bei den v. Kleists als Diener, danach ernährt er sich, „arm wie eine Kirchenmaus,"[23] vom

23 An Merck 14. März 1776. Werke und Briefe. Bd. 3, S. 406.

Fremdsprachenunterricht. Die Straßburger Jahre sind dennoch Lenz' produktivste Zeit, in denen er schließlich auch überregional als junger Autor wahrgenommen wird. Von Rousseau und Herder übernimmt Lenz die Zivilisations- und Kulturkritik, von Herder das Pathos, mit dem Selbsttätigkeit und Handeln gepriesen werden. Er tritt in die Straßburger „Societé de Philosophie et des Belles Lettres“ ein, die er als deren Sekretär 1775 zur „Deutschen Gesellschaft“ umformt. Dort trägt er auch die *Anmerkungen übers Theater* (1774) vor. In „rhapsodenweiser“ Darlegung appellieren sie gewollt assoziativ an den kleinen Kreis von Einverstandenen. Die „Anmerkungen“ drehen gegen Aristoteles und Lessing die herkömmlichen Gattungszuordnungen um: In der Tragödie steht entsprechend nicht die Situation, sondern der Charakter im Mittelpunkt, der sich seine Welt selbst schafft, in der Komödie nicht der Charaktertyp, sondern der Mensch, der durch die Umstände bestimmt ist. Lenz hat nur Komödien geschrieben. Sie zeigen das Leiden der Figuren unter mangelnder Selbstbestimmung. Entsprechend enthalten sie komische und tragische Elemente. Durch diese Mischung sollen sie der Tragödie den Weg bahnen. Wenn man so will, weist Lenz' Tendenz zur Mischung von Komischem und Tragischem auf die Tragikomödie im 20. Jahrhundert voraus. Ferner vermeidet Lenz ein Schicksalsdrama durch den Einbau von Zufällen in die Handlung. Ein Beispiel dafür ist der Lotteriegewinn des verarmten Pätus im *Hofmeister*, der seine Rückkehr und die von Fritz zu seinem Vater ermöglicht und damit die Auflösung von Missverständnissen, was zu einem glücklichen Ende und zur Anbahnung zweier Hochzeiten führt. Die traditionelle Ständeklausel im Drama wird aufgehoben. Lenz kehrt sich radikal von den traditionellen drei Einheiten ab. In dem Essay *Über die Veränderung des Theaters im Shakespear* (1776) konstituiert die „Einheit des Interesses“ des Autors die Werkeinheit. Shakespeare, von dem Lenz Dramen übersetzt, wird schon in den *Anmerkungen* gegen die französische klassizistische Tragödie ausgespielt. Lenz wünscht sich ein Theater für alle Schichten des Volkes, das auch Elemente der Haupt- und Staatsaktionen, des Puppenspiels und der Commedia dell arte wieder aufnimmt, die mit der Didaktisierung des Theaters in der Aufklärung aus diesem verbannt worden waren. Volkstümlich sind Lenz' Stücke allerdings nie geworden, aufgeführt wird in seiner Zeit nur der *Hofmeister*.

Die Komödie *Der Hofmeister oder die Vorteile der Privaterziehung* (1774) scheint von der aufklärerisch-didaktischen Absicht geprägt, die Hofmeistererziehung zu kritisieren und die öffentliche Schule zu propagieren. In Wirklichkeit vergegenwärtigt das Stück einen sozialen Zustand, der den Einzelnen auf kaum erträgliche Weise einengt, den Hofmeister zum bloßen „Läuffer" macht. Mit der Selbstkastration, die im zeitgenössischen Theater eine unerhörte Provokation darstellt, bestraft sich Läuffer für die vermeintliche Schwängerung der Tochter des Hauses. Doch entzieht er sich damit auch dem Vaterzwang, weil er nicht mehr in die Rolle kommen kann, die ihm gegenüber sein Vater eingenommen hat. Die Dorfschule, in die Läuffer vor der adligen Familie flieht, ist auch eher ein Ort der Unterdrückung selbständigen Denkens. Eine aufklärerische Einstellung können sich im Stück nur die sozial Privilegierten leisten. Lenz schließt das Stück mit drei Hochzeiten, die Familienharmonie simulieren, wie sie in den zeitgenössischen Rührkomödien am Ende hergestellt wird. Die dramatische Finalität wird im Stück aufgelockert zugunsten von mindestens zwei Haupthandlungen, der Hofmeister-Handlung und der Studentenhandlung. Die einzelnen Szenen sind relativ autonom, oft kurz und plötzlich abbrechend. Bertolt Brecht hat den *Hofmeister* als Vorläufer seines epischen Theaters adaptiert und als einen „Beitrag zu der großen Erziehungsreform" in der DDR[24] 1949 als zweite Premiere am Schiffbauerdammtheater bearbeitet. 1990 wird in München die Oper *Le Précepteur* der Komponistin und Professorin für Musiktheorie Michèle Reverdy uraufgeführt. Das Libretto schrieb der bekannte Romancier Hans Ulrich Treichel, der auch Libretti für Hans Werner Henze verfasst hat.

In der Komödie *Der neue Menoza* (1774) geht es um den Umgang mit Fremdheit und dem Fremden und um den verfremdenden kritischen Blick auf die europäische Zivilisation. Das Stück wird von Christoph Hein bearbeitet und zuerst 1982 in dieser Bearbeitung am Wiener Burgtheater inszeniert. 1776 veröffentlicht Lenz *Die Soldaten*, worauf wir später noch kommen. In der Komödie *Die Freunde machen den Philosophen* (1776)

24 Bertolt Brecht: Ist der Hofmeister ein negatives Stück? In: Brecht: Gesammelte Werke. Bd. 17. Hg. vom Suhrkampverlag in Zusarb. mit Elisabeth Hauptmann. Frankfurt 1967. Bd. 17, S. 1250.

dekonstruiert Lenz das zeitgenössische Freundschaftsideal. *Der Engländer* (1777) relativiert in parodistischer Verkürzung das „Werther“-Motiv der absoluten Liebe. Dass sich „Liebe und Liebe“ „oft“ verfehlen, ist auch ein Thema des „Gemäldes einer Männerseele“, der moralischen Erzählung *Zerbin oder die neuere Philosophie* (1776). Der bürgerliche Zerbin will Vernunft, Moral und Erfolg miteinander versöhnen, scheitert aber am durch zu große Eigenliebe hervorgerufenen Stolz auf sich selbst. Zugleich nimmt er das „Schlachtopfer“ seiner Geliebten in Kauf, die des Kindesmordes angeklagt wird. Der Text plädiert korrespondierend mit Forderungen vieler zeitgenössischer Aufklärer für die Abschaffung der Todesstrafe und die Berücksichtigung der Umstände. Der Kindsmord ist ein häufiges Thema in Texten der Stürmer und Dränger, man denke zum Beispiel an Goethes *Urfaust* und *Faust I* sowie an Heinrich Leopold Wagners Trauerspiel Die *Kindermörderin*.

Lenz schreibt auch Lyrik. Seine Liebesgedichte stehen in der Tradition Petrarkas (vgl. *Petrach*, 1775), geprägt von der Unerfüllbarkeit der Liebe und dem Wechsel zwischen Lust und Leid. Die unglücklichen Beziehungen zu der von Goethe verlassenen Friederike Brion und zu Cleophe Fibich bilden die wichtigsten biographischen Erfahrungen. Lenz' Friederike-Gedichte lassen sich teilweise von denen Goethes nur schwer trennen, zumal sie gemeinsam 1835 als „Sesenheimer Lieder“ bei der Schwester Friederikes gefunden worden sind.

Der Wandel von Lenz' theologischen und moralphilosophischen Anschauungen zeigt sich in den Essays *Baum der Erkenntnis Guten und Bösen* (1771), *Versuchung über das erste Principium der Moral* (1772), *Meynungen eines Layen* (1775), *Stimmen des Layen* (1775) und in den *Philosophischen Vorlesungen* (1776). Trotz einer hoch emotionalen Identifikation mit dem leidenden Christus, der auch als zweiter Prometheus gesehen wird, wird die Religion letztlich moralisiert. Lenz bricht wie die protestantischen Neologen mit der Lehre von der Erbsünde. Er betont die Selbstverantwortlichkeit des Einzelnen. Zugleich billigt er dem sexuellen Trieb als „Institut“, „um alles, was lebet, glücklich zu machen,“[25]

25 Jakob Michael Reinhold Lenz: Philosophische Vorlesungen für empfindsame Seelen. Faksimiledruck der Ausg. Frankfurt und Leipzig 1780. Mit e. Nachw. hg. von Christoph Weiß. St. Ingbert 1994, S. 54.

einen hohen Stellenwert zu, andererseits versucht er immer wieder, diesen Trieb massiv zu regulieren.

Ende März 1776 verlässt Lenz Straßburg und reist nach Weimar zu „Bruder Goethe". Nach anfänglicher Euphorie ist Lenz desillusioniert vom Rollenspiel am Hof, wo er sich zum Gespött macht. Wieland schreibt am 13. Mai 1776 an Merck: „seit er (Lenz) hier ist, ist kaum ein Tag vergangen, wo er nicht einen oder andern Streich gespielt hätte, der jeden andern in die Luft gesprengt hätte. Dafür wird er nun freylich was Rechts geschohren; aber da ficht ihn nichts an."[26] Er zieht sich nach Berka zurück. Im Oktober folgt er Charlotte von Steins Einladung zum Englischunterricht nach Gut Kochberg, was Goethes Eifersucht erregt. Nach seiner Rückkehr an den Hof begeht Lenz laut Goethes Tagebuch am 26. November eine „Eseley", offensichtlich eine schwere Beleidigung des Freundes. Dieser erreicht daraufhin beim Herzog die Ausweisung Lenz' aus Weimar, der den Ort am 30. November verlässt. Was genau der Anlass für den Bruch zwischen den Freunden war, kann bis heute nicht geklärt werden, weil auf Druck Goethes alle Beteiligten Stillschweigen bewahren. Sicher ist, dass Lenz eine Parodie oder ein Pasquill, d. h. einen Text hat zirkulieren lassen.[27] Ein wichtiger Konfliktpunkt ist: Während Lenz auf den Positionen der Sturm und Drang-Generation beharrt und sich als Dichter bekennt, arrangiert sich Goethe mit dem Hof und stellt seinen literarischen Ehrgeiz zunächst zurück. Goethe lässt die Beschränkungen eines auf das eigene Genie sich verlassenden Künstlers zurück zugunsten der Rolle als geheimer Rat und Minister. Als Repräsentant des fürstlichen Absolutismus kann er kaum Verständnis für die utopischen und gesellschaftskritischen Aspekte von Lenz' Literatur haben. Die Weimarer Erfahrungen verarbeitet Lenz im *Waldbruder*-Fragment (veröffentlicht 1797). Der polyperspektivische Briefroman konfrontiert den erfolgreichen und beliebten Pragmatiker Rothe, hinter dem man Goethe sehen kann, obwohl die Figur nicht mit ihm identisch ist, mit dem empfindsamen „Narren" Herz, der

26 Johann Heinrich Merck: Briefwechsel. Hg. von Ulrike Leuschner. Göttingen 2007, S. 653.

27 Eine amüsante und spannende Darstellung des Konflikts, beruhend auf dichterischer Freiheit und der Kenntnis einschlägiger Sekundärliteratur bietet der Kriminalroman Der rote Domino von Marc Buhl (erschienen 2002).

nur durch eine geschickt eingefädelte Intrige aus seiner unrealistischen Liebesphantasie gerissen wird. Herz, hinter dem man mit Einschränkung Lenz sehen kann, unterliegt in der Konkurrenz um Triebbefriedigung, Macht und Geld. Der Gegensatz Rothe – Herz wird in dem 1782 anonym veröffentlichten Drama *Myrsa Polagi* in der Konfrontation zwischen dem Hofmann Abumasar und dem freien Gelehrten Ali Haßein wieder aufgenommen, aber mit einem versöhnlichen Schluss.

Lenz reist als „Landläuffer" nach Emmendingen zu Schlosser, wo die Erzählung über den aufgeklärten *Landprediger* entsteht (1777) und weiter in die Schweiz. November 1777 hat Lenz einen „Unfall". Von Emmendingen aus wird Lenz Januar 1778 zu dem aufgeklärten Pfarrer Oberlin geschickt. Dieser kann Lenz von seinen psychischen Störungen nicht heilen und lässt ihn aus Angst vor einem Selbstmord nach Straßburg bringen, von wo er nach Emmendingen zurückkehrt. Oberlin schreibt über diesen Aufenthalt ein Tagebuch, die wichtigste Grundlage für Büchners *Lenz*-Novelle. Schlosser bringt Lenz nach verschiedenen Heilungsversuchen bei einem Schuster und einem Förster unter. Während die ältere Forschung Lenz' Krankheit als Schizophrenie bezeichnet, wird in neueren Arbeiten eher auf die historischen Begriffe der Schwermut und Melancholie Bezug genommen. Juni 1779 wird Lenz nach Riga gebracht, wo der Vater Generalsuperintendent geworden ist. Eine Bewerbung um die dortige Rektorenstelle scheitert an der fehlenden Empfehlung Herders.

Februar 1780 geht Lenz nach St. Petersburg, wo er versucht, Kontakte zum Hof zu knüpfen. September 1780 kehrt er nach Livland zurück. Er nimmt eine Stelle als Hofmeister auf dem Gut des Kammerjunkers von Liphart in Aya bei Dorpat an, von wo er wegen der unglücklichen Beziehung zu Julie v. Albedyll Januar 1781 überstürzt nach St. Petersburg zurückkehrt. September/Oktober 1781 geht Lenz nach Moskau. Er wohnt bei dem Staatsrat und Historiker Gerhard Friedrich Müller – wahrscheinlich bis zu dessen Tod 1783. Auf dessen Empfehlung wird Lenz „Aufseher" im adligen Pensionsinstitut der Madame Exter. Ferner verkehrt er in der Moskauer deutschen reformierten Gemeinde. Besonders kennzeichnend für Lenz sind seine Beziehungen zu den Philanthropen und Freimaurern. So kommt Lenz ab 1786 ins Haus des Freimaurers und Publizisten Nikolaj I. Novikov. Er tritt in die primär von Deutschen bestimmte Loge „Zu den drei

Fahnen“ ein und arbeitet der „Typographischen Gesellschaft“ Novikovs zu, die unter anderem Übersetzungen von Werken aus vielen europäischen Sprachen publiziert. Lenz stirbt am 24. Mai 1792. Der Mythos, Lenz sei auf offener Straße gestorben, ist nicht belegbar. Es muss offen bleiben, ob gesundheitliche Probleme zum Tod führen oder ob er in Zusammenhang mit den massiven Freimaurerverfolgungen der Zarin Katharina ab 1787 steht, die 1791 zur Auflösung der „Gesellschaft“ und 1792 zur Verhaftung Novikovs führen.

Lenz schreibt in Moskau zahlreiche deutsche und russische Texte zu Fragen der Erziehung, Wirtschaft und Technik, sowie der Kultur und Literatur Russlands. Lenz verfasst auch Gedichte, Dramen- und Prosafragmente und den Text *Über Delikatesse der Empfindung* (1785). Ob der von Lenz’ Freunden, den Schriftstellern Aleksandr A. Petrov und Nikolaj M. Karamzin geplante Grabstein auf dem „deutschen Friedhof“ jemals aufgestellt wurde, muss offen bleiben. Die Inschrift sollte lauten: „Ruhe sanft, lieber Erdenstaub, bis zum freudigen Morgen.“[28]

Kommen wir zur Diskussion ausgewählter Texte! Wir werden uns mit zwei Dramen beschäftigen, dem *Engländer* und den *Soldaten*. In der kurzen „dramatischen Phantasei“ *Der Engländer* (erschienen 1777) nimmt Lenz Goethes Thema des Genies der Liebe auf, allerdings, wie sich zeigen wird, mit einem anderen Akzent. Er lässt seinen Protagonisten wie Werther Schiffbruch erleiden, überhöht ihn aber nicht zum Heroen. Robert ist anders als Werther ein Buchgelehrter, der unter der Entfremdung von der eigenen Körperlichkeit und Sinnlichkeit leidet. Bereits in der ersten Szene klagt er, er habe zwanzig Jahre sich „alles versagt, was die Menschen sich wünschen und erstreben (…), ohne Haar auf dem Kinn wie ein Greis gelebt, über nichts als Büchern und leblosen, wesenlosen Dingen, wie ein abgezogener Spiritus in einer Flasche, die in sich selbst verraucht.“[29] Aufgrund der Liebe zu der Prinzessin brechen verdrängte Wünsche nach Selbstverwirklichung auf und nach einer Abkehr von dem durch den Vater

28 Zit. nach: Heribert Tommek: J. M. R. Lenz. Moskauer Schriften und Briefe. Bd. 23. Berlin 2007, S. 43, Fußnote 72.

29 Lenz: Werke und Briefe. Bd. 1, S. 318 f.

und den Adelsstand vorherbestimmten Lebensweg. Ganz abgesehen davon, dass Robert die reale Prinzessin nicht zu lieben vermag, sondern sich verliebt in das selbst geschaffene Bild einer „Heiligen“, ist die Unerfüllbarkeit geradezu Bedingung und Ausgangspunkt dieser Beziehung. Sie führt wie bei Werther zu einer grandiosen Steigerung der Leidenschaft und zu einem intensiven Erleben der durchbrechenden eigenen Gefühle. Mehr noch als bei Werther gibt es für Robert Hot(!) von Anfang an nur den Ausweg des eigenen Todes. „Oft ist das Leben nur ein Tod,“ sagt Hot zur Prinzessin, „und der Tod ein besseres Leben.“[30] Er wird lustvoll imaginiert – als Hoffnung auf eine Vereinigung im Jenseits – oder er löst Angst und Schrecken aus – wegen der Trennung von der weiter lebenden Geliebten, deren Zuneigung auch im Jenseits nicht gesichert ist. Roberts Beharren auf der unerfüllbaren Liebe ist zugleich ein Aufbegehren gegen die durch den Vater verkörperte Gesellschaft: „Weg mit den Vätern!“[31] Hot ist als ein „Stürmer“ und „Narr“ gekennzeichnet, der der Unbedingtheit seines – verqueren – Gefühls folgt. Wie Werther imaginiert er sich grandios als unmittelbarer Sohn Gottes, womit er auch die traditionelle Rolle der Institution Kirche in Frage stellt, weshalb er dem Beichtvater am Ende die Vorschrift machen will, sein Bild der Prinzessin mit in den Tod nehmen zu können. Der Selbstmord als Aufbegehren gegen ein nichtlebbares Leben erscheint im Handlungszusammenhang des Dramas als sehr konsequent. Lenz setzt sich dabei wie schon Goethe im Werther über die Verurteilung des Selbstmords durch die Kirchen und die Mehrheit der deutschen Aufklärer hinweg. Ich teile die Auffassung von Susanne Lenz-Michaud, dass Lenz hier aber auch über Goethe hinausgeht.[32] Der Wunsch nach Selbstbestimmung steht bei Hots Selbstmord stärker im Vordergrund als bei Werther, der in seinem Abschiedsbrief bekennt, es seien die Hoffnungen und Wünsche seines Lebens erfüllt. Der Ruhe Werthers am Ende steht das vehemente Aufbegehren Hots bis zum „mit äußerster

30 Ebd., S. 322.

31 Ebd., S. 330.

32 Susanne Lenz-Michaud: „Venus Urania allein kann dich retten mein Lieblingsdichter.“ Zur ästhetischen und anthropologischen Kritik an Goethes Werther im Werk von J. M. R. Lenz. In: Recherches Germaniques 35 (2005), S. 1–21.

Anstrengung halb röchelnd" hoch gehaltenen Bild Armidas gegenüber.

Die Prinzessin bezeichnet Robert als einen „heimlichen Melancholiker". Ichverarmung, eine aufdringliche Mitteilsamkeit und eine genussreiche Selbstquälerei charakterisieren Roberts Zustand. Die psychopathologischen Symptome der Melancholie werden in der Aufklärung breit diskutiert. Sie gilt als Krankheit, da sie abweicht von einem vernunftbestimmten Verhalten. Diese Position vertreten im Stück der Vater und sein Freund, Lord Hamilton. Sie verkörpern die einengende und unterdrückende Instanz, von der Hots Leidensdruck ausgeht. Darin liegt Lenz' Kritik an einer aufklärerischen Position, die letztlich die gesellschaftlichen Zwänge als „vernünftig" ausgibt. Hots Melancholie hat für diesen auch eine positive Seite, sie ist ein Refugium für die Wünsche nach Entfaltung seiner emotionalen Kräfte. Die Stärke des Leidens wird geradezu zum Maßstab seiner Ich-Stärke. Die Feindseligkeit der Umwelt, die Hot aufgrund seines Verhaltens erfährt, nimmt er auf, indem er schließlich sich selbst aus dem Weg räumt. In der radikalen Abkehr von der gesellschaftlichen „Vernunft", die das Überleben ermöglicht – auch vom moralischen und theologischen Verbot des Selbstmords –, berührt sich die Haltung Hots mit dem Wahnsinnigen. Diese Verwandtschaft kommt im Wort Lord Hamiltons zum Ausdruck: „Besser ihn tot beweint als ihn wahnwitzig herumgeschleppt."[33], Wahnwitz, Wahnsinn gelten in der Aufklärung als radikale Abkehr von der Vernunft, vom gesellschaftlich Geforderten. Wahnsinnige sperrt die Aufklärung wenn möglich in Tollhäuser, auch um sie zu heilen, so wie es für den Autor Lenz aufgrund seiner Wahnsinnsanfälle bei Goethes Schwager Schlosser den Plan gibt, ihn in das Frankfurter Tollhaus zu geben. Das Vorhaben scheitert am mangelnden Geld. Stattdessen versucht man es mit einer Arbeitstherapie. Lenz wird, wie erwähnt, bei einem Schuster und einem Förster untergebracht. Ferner versucht ihn sein Dichterkollege Klinger durch Schocktherapie zu heilen: durch Eintauchen in eiskaltes Wasser.

Lenz hat seinen Protagonisten im Gegensatz zu Werther so konstruiert, dass er den Fluchtraum der Melancholie nur begrenzt

33 Lenz: Werke und Briefe, Bd. 1, S. 336.

zu einem Freiraum machen kann. Dass Werther seine Produktivität partiell ausleben kann, bewundert Lenz in seinen „Werther“-Briefen. Hot ist als viel schwächere Natur in seinem Handeln gelähmt. Er entblößt sich selbst bis zur Lächerlichkeit. Die dadurch geschaffene Distanz verhindert, dass eine Vorbildfigur entsteht. Immerhin schafft Hot es aber, sich insoweit selbst zu helfen, als er sich durch den Selbstmord der ihm zugedachten Rolle in der väterlichen Welt entzieht.

Bezogen auf den Titel unseres Vortrags kann Hot, der von England nach Italien geht, als ein „schiffbrüchiger Europäer“ eingeordnet werden. Während die Ichfigur im Lied aus der Welt der Europäer durch widrige Umstände ausgeschlossen wird, ist es im Drama umgekehrt, Hot schließt sich selbst aus. Dies ist aber die Konsequenz des Scheiterns seines Lebensentwurfs. Zu diesem Lebensentwurf gehört auch, dass Hot sich als leidendes Genie entwirft – bis hin zur Imagination als Gottessohn. Er besetzt die Stelle des für alle Menschen vorbildlich Marter und Tod leidenden Christus.

Die Dynamik des Stücks lebt von extremer Verkürzung und Verknappung. In der Darstellung jäh umschlagender Gefühle wird Robert entindividualisiert. Seine Sprachfähigkeit lässt nach bis zum grotesk wirkenden Stammeln (vgl. das Lied in IV,1). Zahlreiche Regieanmerkungen notieren, was im zeitgenössischen Drama äußerst selten ist, seine hektischen, zum Teil unkontrollierten Bewegungen. Man vergleiche Szene III,1: „Robert in einem Domino ganz ermüdet nach Hause kommend und sich in Lehnstuhl werfend. Es ist Mitternacht, mehr gegen die Morgenstunde.“ Er „springt auf“. „Wirft sich wieder in den Lehnstuhl und scheint zu schlummern. Lord Hot und Lord Hamilton kommen. Sie haben's gesehen und lächeln einander zu.“ Robert murmelt „zwischen den Zähnen“. Er „wirft ihm [Lord Hamilton] seine Uhr an den Kopf.“ Lord Hot „läuft ganz erhitzt auf ihn zu.“ Hamilton, „der sich erholt hat, fasst Lord Hot an“. Robert, „kniend, beißt sich in die Hände“. Hamilton führt Lord Hot ab.“ Robert „öffnet ein Fenster und springt heraus.“

Innerhalb der zu Lenz' Zeit ungewöhnlichen radikal subjektivistischen Struktur wirkt die Einteilung in fünf Akte mit zum Teil nur einer Szene als parodiertes Relikt, zumal der fünfte Akt fast fünfzig Prozent des Textes enthält. Von heute aus gesehen würde man das Stück mit der in jeder Szene dominierenden

Hauptfigur als einen in Szenen unterteilten Einakter einordnen – eine Gattung, die es damals nicht gab. Der Untertitel „Eine dramatische Phantasei“ entspricht dem Herauskehren der Innenwelt Roberts, zugleich signalisiert er, dass der Autor sich die Freiheit nimmt, sich nicht an die überkommenen Gattungen zu halten – wie die Phantasien in der zeitgenössischen Musik. *Der Engländer* wird von dem Komponisten Friedrich Goldmann und dem Librettisten Thomas Körner als Opernfantasie bearbeitet und 1977 in Berlin (DDR) uraufgeführt.

In der Komödie *Die Soldaten* stellt Lenz eine weibliche Figur in den Mittelpunkt. Der Geniediskurs der Zeit ist deutlich auf Männer fixiert, zumal die Stürmer und Dränger männliche Autoren sind. Frauen werden nicht die gleichen Rechte auf Selbstbestimmung zugestanden und die Fähigkeit, das eigene Selbst auszuleben, wird ihnen in der Regel nicht zugetraut. Lenz ist sich der ungleichen Stellung der Geschlechter sehr bewusst. In der Komödie *Der neue Menoza* erfindet er eine Frauenfigur, ein Kraftweib, das gegen die gängigen Geschlechterrollen opponiert: „Ich halt mich nichts besser als meinen Hund, so lang ich ein Weib bin. Laß uns Hosen anziehn und die Männer bei ihren Haaren im Blute herumschleppen! […] Ein Weib muß nicht sanftmütig sein, oder sie ist eine Hure, die über die Trommel gespannt werden mag.“[34]

Fragen wir also, wie Lenz in den *Soldaten* mit einer weiblichen Protagonistin umgeht. Er gestaltet sie als eine Figur, die nach der Euphorie von sozialem Aufstieg und partnerschaftlicher Beziehung nur noch unter ihrem Schicksal und den Folgen ihres Verhaltens leidet. Sie kann wie Hot ihren Wunsch nach einem selbstbestimmten Leben nicht durchsetzen, weil die gesellschaftlichen Umstände dies verhindern. Lenz lässt sie ‚Schiffbruch‘ erleiden, indem sie zur Hure wird und damit auch gesellschaftlich geächtet. Im Gegensatz zum *Engländer* sind die sozialen Bedingungen deutlich und ausführlich dargestellt. Genialität geht Marie ab, allerdings wird ihr das Recht auf den Wunsch nach einem selbstbestimmten Leben zugestanden.

Die Soldaten entstehen im Winter 1774/75, werden aber erst im Frühjahr 1776 durch Herders Vermittlung gedruckt. In dem

34 Lenz: Werke und Briefe. Bd. 1, S. 138 f.

Drama versucht er, biographische Erfahrungen zu objektivieren, nämlich wie der Ruf der Straßburger Goldschmiedetochter Cleophe Fibich durch die Brüder v. Kleist, Lenz' Dienstherren, ruiniert wird. An Herder schreibt Lenz, er wolle das Stück von der „politischen“ Seite gewertet wissen.[35] Entsprechend stellt das Stück die psychischen Antriebe und gesellschaftlichen Zwänge in den Vordergrund. Diese Absicht mündet in die Didaxe der Schlussszene mit dem „Reform“vorschlag einer „Pflanzschule“ für „Soldatenweiber“. Es geht im Drama also nicht nur um das Schicksal des bürgerlichen Mädchens Marie Wesener, sondern um die Skrupellosigkeit und Konfliktbereitschaft einer sozialen Schicht, der adligen Soldaten und um eine mögliche Lösung der dargestellten Problematik. Erst das Gesamt der sozialen und psychischen Konflikte bedingt das Schicksal der Marie; denn Lenz will, wie er in einem Brief an Sophie LaRoche Juli 1775 schreibt, die Stände darstellen, „wie sie sind; nicht wie sie Personen aus einer höheren Sphäre sich vorstellen“.[36] Aufgrund von Äußerungen wie dieser hat man Lenz in der Wissenschaft als den „Realisten“ unter den Stürmern und Drängern profiliert – eine Einschätzung, die wesentlich durch Brecht beeinflusst worden ist, der den *Hofmeister*, den er bearbeitete, als das „deutsche Standardwerk des bürgerlichen Realismus“ bezeichnet hat.[37]

Den Kern der Handlung bildet die Zerstörung bürgerlicher Existenzen durch das Handeln der Offiziere, aber auch aufgrund von Widersprüchen im Handeln der Bürger selbst. Marie, die Tochter des Galanteriewarenhändlers Wesener, möchte, ohne dies ausdrücklich zu reflektieren, aus ihrem bürgerlichen Lebenskreis ausbrechen, der ihr zu eng wird: „ich krieg doch bisweilen so eng um das Herz, dass ich nicht weiß, wo ich vor Angst noch in der Stube bleiben soll“.[38] Aufgrund mangelnder Möglichkeiten zur Selbstverwirklichung, die sich aus ihrer Rolle als Tochter und Frau ergeben, hat Marie immer wieder Selbstmordgedanken, zuerst in Szene I,6, wo sie nicht ohne Fatalismus äußert: „Trifft

35 An Herder 20. November 1775. In: Werke und Briefe, Bd. 3, S. 353.

36 Werke und Briefe. Bd. 3, S. 326.

37 Bertolt Brecht: Notizen über realistische Schreibweise. In: Werke. Bd. 19, S. 363.

38 Lenz: Werke und Briefe, Bd. 1, S. 195.

mich's, so trifft mich's, ich sterb nicht anders als gerne."[39] Der adlige Geliebte verspricht ihr Anerkennung und größere Freiheiten. Daher lässt Marie sich auf ihn ein zu Ungunsten ihres bürgerlichen Verlobten Stolzius. Desportes lädt Marie in die Komödie ein. Das Theater ist der Raum, wo sich die Tochter der väterlichen Überwachung entziehen und sich ihr Begehren Raum verschaffen kann. Für den Vater ist der unerlaubte Komödienbesuch gleichzusetzen mit dem Verlust der Jungfräulichkeit, dem immateriellen Kapital einer weiblichen bürgerlichen Existenz im 18. Jahrhundert. Später erlaubt der Vater den Theatergang, nachdem er Desportes' Gedichtszeilen gelesen hat: „Du höchster Gegenstand von meinen reinen Trieben."[40] Dem Zuschauer entlarven sich diese Verse als trivial und unaufrichtig. Der Vater freilich erhofft sich die Aussicht der Tochter auf einen sozialen Aufstieg. Im Gestus patriarchaler Bevormundung erklärt er: „Laß mich nur machen, ich weiß schon, was zu deinem Glück dient, [...] du kannst nur immer allesfort mit ihm in die Komödien gehen."[41] Weseners pragmatische Urteilskraft versagt hier wie seine literarische. Mariane wird durch die Affäre mit Desportes, der zwangsläufig weitere Affären folgen, zur „Hure", was die – auch ökonomische – Katastrophe der Familie zur Folge hat. Das Heiratsversprechen, das Desportes dann nicht einhält, ist im 18. Jahrhundert ein gängiges Mittel, um an vorehelichen Sex zu kommen.

Marianes Schicksal als Soldatenhure erfüllt sich nicht in einem finalen Nacheinander der Szenen. Aus dem sich über zweieinhalb Jahre erstreckenden Zeitraum werden zentrale Momente herausgegriffen, die einzelne Elemente des Schicksals bereits enthalten. Die Summe enthält in symbolischer Verdichtung bereits das Lied der Großmutter in II,3: in dieser Szene schäkert Mariane mit Wesener und die Großmutter nimmt Marianes Schicksal vorweg:

O Kindlein mein, wie tut's mir so weh
Wie dir dein Äugelein lachen
Und wenn ich die tausend Tränelein seh
Die werden dein Bäcklein waschen.

39 Ebd., S. 204.

40 Ebd., S. 203.

41 Ebd., S. 204.

Das Prinzip der „gezackten Ränder“, das Klotz in seiner Arbeit zum „offenen Drama“ hervorhebt,[42] wird in vielen Szenen des Stücks deutlich. Ruhen sie einerseits in sich, brechen sie doch unvermittelt oft mitten im Satz ab, wenn das Wesentliche gesagt ist. Die zu verschiedenen Handlungssträngen gehörenden Szenen sind in ihrer Zuordnung vertauschbar. Dieses Bauprinzip entwickelt später Büchner – deutlich durch Lenz beeinflusst – im Woyzeck weiter. Es ergibt sich konsequent aus der Dominanz der Verhältnisse über die Figuren. Weil die Personen nicht voll verantwortlich handeln können, bringt jede Szene in wechselnden Aspekten die prinzipiell gleichen Zwänge zum Ausdruck. Die Brüche zwischen den Szenen und in den Szenen (etwa die sprachliche Widersprüchlichkeit) verweisen auf den Autor, der das „Ganze“ nach seinem „Interesse“ arrangiert.

Ein Teil der Offiziersszenen, zum Beispiel die Aaron- und Madame-Bischof-Szene, erscheint als redundant für die Handlung, aber nicht für die Gesamtaussage des Dramas, die sie verdeutlichen: dass nämlich die adlige Lebenswelt über das einmalige Schicksal des bürgerlichen Opfers hinaus besteht. Die Offiziere halten sich als eine parasitäre Kaste von allen Ständen entfernt, die für sie nur Objekt der Ausbeutung und des Vergnügens darstellen. Von heute aus gesehen macht vor allem die Szene mit dem Juden Aaron betroffen, dessen Angst vor einem Pogrom von den Soldaten ausgenutzt wird. Typisch für die relative Autonomie der Einzelszene und die Relativierung dramatischer Finalität bei Lenz ist, dass diese Szenen innerhalb des Stücks, das sich primär um Marie dreht, fast beliebig verschoben werden können. Die Soldatenszenen hat Volker Klotz nicht zu Unrecht als den „Kollektivstrang“ der Handlung im Stück bezeichnet,[43] in den dann die beiden Privatstränge, der Maries und ihres verschmähten Verlobten Stolzius hinein geflochten sind. Die Dominanz des Kollektivstranges wird durch die beiden Privatstränge mitbedingt. Ohne die bürgerliche Unterwürfigkeit und Anpassung könnten die Offiziere nämlich ihrer Herrenmentalität keinen freien Lauf lassen.

42 Volker Klotz: Geschlossene und offene Form im Drama. 4. Aufl. München 1969, S. 159.

43 Klotz, S. 103.

Im Gegensatz zu Schiller in dessen „bürgerlichem Trauerspiel“ *Kabale und Liebe* gibt Lenz dem Ständegegensatz keinen irgendwie gearteten höheren Sinn. Schiller lässt den Adelssohn Ferdinand mit einem Bekenntnis zu bürgerlichen Werten wie Freiheit und Gleichheit untergehen. Er macht ihn zum Helden. Das setzt voraus, dass der Ständekonflikt als tragischer Antagonismus gestaltet werden kann. So verdeutlicht er den „Riss der Welt“, der zur Theodizeefrage und zur Anklage gegen Gott als Weltenschöpfer führt. Lenz dagegen verzichtet auf eine Verklärung der vorgeführten Handlung durch Religion oder Moral. Entsprechend geht er an Realismus über Schiller hinaus, es fehlt aber der Heroismus, durch den Schillers Ferdinand in seiner Opposition gegen den Hof gekennzeichnet ist. Lenz’ Rächer Stolzius, der betrogene Verlobte Maries, ist letztlich eine lächerliche Figur. Dass er den ersten Verführer Desportes vergiftet, ändert nichts an den Verhältnissen.

Marie ist auch durch die Gräfin nicht zu retten, die dem Mädchen durch Rückbindung an die Realitäten der Ständegesellschaft ihren „Roman“ nehmen will. Das lebende Vorbild für die Gräfin ist die Schriftstellerin Sophie LaRoche, eine Freundin Wielands, Goethes und Lenz’, die von letzterem sehr verehrt wird. Die Figur im Stück ignoriert Maries berechtigtes Freiheitsstreben, obwohl sie selbst überlegt: „Was behält das Leben für Reiz übrig, wenn unsere Imagination nicht welchen hineinträgt. Essen, Trinken, Beschäftigungen ohne Aussicht, ohne sich selbst gebildetem Vergnügen sind nur ein gefristeter Tod.“[44] Für die Gräfin will Marie „die Welt“, die selbstverständlich den Gegensatz der Stände enthält, umkehren. Dieser ist für sie eine Art Naturgesetz. Sie macht Marie allein verantwortlich für die Suche nach sozialem Aufstieg, obwohl ihr dieser von Desportes und vom Vater signalisiert worden ist. So wird sie trotz ihrer Hilfsbereitschaft zur Apologetin des Patriarchats, insbesondere wenn sie Maries Schönheit verantwortlich dafür macht, dass sie für adlige Männer – auch für ihren Sohn – attraktiv ist. Ferner sieht sie in Maries Verhalten eine Gefährdung des Staates, da diese um die „Liebe eines Offiziers“ geworben habe, der sich nur dem König zu unterstellen habe. Bieten kann die Gräfin allein eine soziale und

44 Lenz: Werke und Briefe. Bd. 1, S. 235.

sexuelle Kasernierung: „Werden Sie meine Gesellschafterin und machen Sie sich gefasst, in einem Jahr keine Mannsperson zu sehen.“[45] Im *Engländer* versuchen der Vater und sein Freund Hamilton den Sohn auf den richtigen gesellschaftlichen Weg zu zwingen. Dieser Kasernierung entzieht er sich durch Selbstmord. Damit ist er für die gesellschaftliche Vernunft nicht mehr erreichbar. So weit geht Lenz bei Marie nicht. Marie hat auch Selbstmordgedanken, handelt aber, indem sie sich ihrem Schicksal durch Flucht entzieht. Sie steht zu ihrem Begehren, doch dadurch macht sie sich endgültig zum Opfer der Begehrensformen einer patriarchalen Gesellschaft, die nur das Recht männlicher Gewalt und die Frau als Opfer der Gewalt kennt. Sie liebt weiterhin Desportes, den sie sucht. Mary und der junge Graf sind dagegen eher austauschbare Figuren, die gegeneinander ausgespielt werden. Mary vergeht die Lust, die Geliebte wiederzusehen: „Aller Appetit zu ihr verging mir.“[46] Der junge Graf dagegen bedauert an Marie: „Wie leicht ist sie zu hintergehen gewesen.“[47]

Lenz lässt am Ende Marie nicht sterben. Dieser Schluss der Handlung des Stückes, die Begegnung des Vaters, der durch den Verlust seines guten Rufes und die Begleichung der Schulden Desportes’ ruiniert ist, mit seiner Tochter, die nach der angedeuteten Vergewaltigung durch den Jäger sozial das ist, als was sie die Adligen immer schon behandelten, eine Prostituierte, darf nicht vorschnell als Neubeginn interpretiert werden. Marie bleibt nur der „gefristete Tod“ an Stelle eines Selbstmordes, den sie vermeidet, während ihr verlassener Verlobter Stolzius ihn nach seiner tödlichen Rache an Mary begeht.

Dennoch fällt Marie als Frauenfigur aus den Dramen des 18. Jahrhunderts heraus. Sie selbst führt den Moraldiskurs nicht, den ihr Vater, ihre Schwester, die Gräfin und vor allem der Prediger Eisenhardt führen. Sie entzieht sich den moralischen Zwängen, doch bleibt ihre Identität seltsam leer. Es ist schwer zu sagen, wer sie wirklich ist. Im Grunde gilt dies aber für die meisten Hauptfiguren Lenz’. Sie machen ein Bedürfnis nach Selbstbehauptung geltend, doch werden sie durch die Machtverhältnisse

45 Ebd., S. 231.

46 Ebd., S. 243.

47 Ebd., S. 227.

in ihrem Denken, Fühlen und Handeln derart bestimmt, dass sie ihr Grundbedürfnis nur verzerrt äußern und kaum leben können. Immerhin lässt Lenz Marie leben. Er verzichtet im Gegensatz zu Lessing – man denke an Emilia Galotti, Miss Sara Sampson – und zu Schiller – man denke an Luise in *Kabale und Liebe* – auf das Frauenopfer für die Tugend. Mariane kann nicht für höhere Werte geopfert werden, sie ist ohnehin keine verführte Unschuld. Wenn sie im Unterschied zu Lessings Emilia, Sara und Luise zu ihren erotischen Wünschen steht, kann sie diese nur dadurch befriedigen, dass sie sich zum Objekt der begehrenden Offiziere macht. Entsprechend sind *Die Soldaten* auch kein bürgerliches Trauerspiel.

Maries Schicksal kontrastiert scharf zu dem Reformvorschlag des Obristen in der letzten Szene, als Entlastung der Bürgerfamilien und als Ventil für die vagabundierende Sexualität der Soldaten eine „Pflanzschule für Soldatenweiber" zu gründen. Seine Verwirklichung würde die geschilderten sozialen Widersprüche und ihre gewalttätigen Auswirkungen überhaupt nicht berühren. Letztlich würde es sich dabei um staatlich geförderte Prostitution zum Schutz der ehrbaren Frauen aus bürgerlichen Familien handeln. Zu urteilen, Lenz hätte diesen Vorschlag nur als zuspitzenden satirischen Schluss intendiert, wäre vorschnell. Lenz stellt sich nämlich in einem Brief an Herder vom 20. November 1775 zunächst hinter diese Regelungen und verbindet sie mit dem Vorschlag, die zur Prostitution vorgeschlagenen Frauen per Los auszuwählen. Zu Recht hat man diesbezüglich von einer Frauenzimmerlotterie gesprochen. Lenz geht damit über die aus dem Text ablesbare Absicht und ganz allgemein über das Recht der Frau auf Selbstbestimmung hinweg, das als Bedürfnis in der Figur der Marie ausformuliert ist. Lenz entwickelt seine Überlegungen weiter in der Schrift *Über die Soldatenehen*, die eine Reform der zeitgenössischen stehenden Heere mit einer Aufhebung des Eheverbots verbindet. Seine Forderung eines Volksheers, basierend auf einer allgemeinen Wehrpflicht, weist auf die französischen Heere zur Zeit der Revolution nach 1789 voraus. Zugleich formuliert er für die Frauen rigide Regularien, um sie in ihre Rolle als Gattinnen der Soldaten einzupassen. Lenz hat 1776 in Weimar und Berka noch weit umfangreichere Studien zur Sozial- und Militärreform durchgeführt (veröffentlicht 2007 als *Berkaer Projekt*). Lenz hoffte in völliger Selbstüberschätzung, sich damit als

Militärreformer beim Herzog von Weimar oder sogar am französischen Hof zu profilieren. Goethe, der sah, dass die Fürsten sich nie auf ein Volksheer einlassen würden, weil sie damit eine Institution schüfen, die ihre Macht bedrohen könnte, verhinderte, dass Lenz diesen Vorschlag beim Herzog Karl August einreichen konnte – einer der Konfliktpunkte zwischen den Autoren.

Zu Lenz' Lebenszeit sind *Die Soldaten* kein Erfolgsstück. Sie werden kein einziges Mal aufgeführt. Die innovative Form wird kaum erkannt, die sozialkritische Tendenz selten gesehen, das Stück wegen des Bruchs moralischer Tabus oft abgelehnt. Es wird zuerst 1863 von dem Wiener Dramatiker Eduard von Bauersfeld unter dem Titel *Soldatenliebchen* bearbeitet, 1967 dann von Heinar Kipphardt. Zweimal bilden *Die Soldaten* die Vorlage für eine Oper – zuerst 1930 von dem damaligen Bremer Generalmusikdirektor Manfred Gurlitt, dann von Bernd Aloys Zimmermann 1958–1960 bzw. 1963/64. Dessen avantgardistische Oper *Die Soldaten* erweitert das Sujet zu einer Beschwörung der Totalität menschlichen Unheils.

Ich komme zum Schluss. Wir haben versucht, Lenz' Biografie und einzelne Werke aufzuschlüsseln unter den Gesichtspunkten der Metapher des Schiffbruchs im Sinne der Erfahrung von Scheitern, Isolation und Zurückgeworfensein auf sich selbst und des leidenden Genies. Dieses strebt poetische und dramatische Innovationen an, wird aber in seiner Zeit weder anerkannt, noch kann es sich durchsetzen. Das Leiden, das eigene wie das in der Umwelt wahrgenommene, agiert es in erfundenen Welten aus. „Es ist wahr und wird bleiben, mögen auch Jahrhunderte über meinen armen Schädel verachtungsvoll fortschreiten,“ schreibt Lenz an Herder anlässlich der Übersendung der *Soldaten* am 23. Juli 1775.[48] Wir haben zwei Dramen genauer analysiert im Hinblick auf die innovativen Elemente der Dramenform, aber auch mit Bezug auf die Hauptfiguren, die, wie Lenz es für die Komödie fordert, durch die Umstände bestimmt werden und deren Lebensentwurf scheitert. Sie sind so gesehen Schiffbrüchige; darüber hinaus wird das Motiv des leidenden Genies im *Engländer* aufgenommen und zugleich satirisch destruiert. Der weiblichen Hauptfigur in den *Soldaten* wird Genialität nicht

48 Lenz: Werke und Briefe. Bd. 3, S. 329.

zugestanden. Beide Figuren sind Leidende, auf welche die Frage zutrifft, die der Erzähler des *Zerbin* am Anfang dieser Geschichte stellt: „Wir leben in einem Jahrhundert, wo Menschenliebe und Empfindsamkeit nichts Seltenes mehr sind; woher kommt es denn, dass man so viele Unglückliche unter uns antrifft? Sind das immer Unwürdige, die uns unsere durch hellere Aussichten in die Moral bereicherten Verstandesfähigkeiten als solche darstellen?“[49] Massive Zweifel am geschichtlichen Fortschritt und an der Verbindung von Moral und Verstand, Vernunft prägen Lenz' Werk. Heiner Müller beschreibt in *Die Wunde Woyzeck* den Autor als den „erloschenen Blitz aus Livland“[50], was hoch anerkennend gemeint ist. Ich hoffe, ihn ein wenig bei Ihnen wieder zum Leuchten gebracht zu haben.

49 Lenz: Werke und Briefe. Bd. 2, S. 354.

50 Heinar Müller: Die Wunde Woyzeck. In: Müller: Material, Texte und Kommentar. Hg. von Frank Hörnigk. Leipzig 1989, S. 115.

Julia Schöll

„Wenn Tugend und Laster aneinander sich reiben." Moral und Ästhetik des Familienkonflikts in Schillers *Die Räuber*

Friedrich Schiller macht in seinem Schauspiel *Die Räuber* von der ersten Zeile an deutlich, dass es sich um ein Familiendrama handelt: „Aber ist Euch auch wohl, *Vater*? Ihr seht so blaß", fragt Franz Moor seinen Vater, der ihm antwortet: „Ganz wohl, mein *Sohn* – was hattest du mir zu sagen?". Als er im Anschluss erfährt, dass die Post angekommen ist, erkundigt sich der Vater: „Nachrichten von meinem *Sohn* Karl?" [Kursive nicht im Original; JS] (493)[1] Noch bevor im Drama der erste Name fällt, ist der Zuschauer bereits über die familiäre Konstellation informiert, den Vater und seine zwei Söhne, von denen sich einer zuhause beim Vater, der andere in der Fremde aufhält. Doch der Text lässt es dabei nicht bewenden, in der Exposition die Figurenkonstellation zu erklären, vielmehr fällt der Begriff „Vater" allein in der ersten Szene und somit auf weniger als zehn Seiten 37 Mal, zumeist in Verbindung mit dem Possessivpronomen, gerne auch als Exklamation. Ebenso überpointiert gebraucht Schiller in dieser Szene die Begriffe „Sohn" und „Bruder".

Schon die ersten Sätze des Gesprächs zwischen Moor Senior und seinem zweitgeborenen Sohn Franz richten somit den Fokus auf das schwierige Dreiecksverhältnis zwischen dem Vater und seinen beiden Söhnen, das im Zentrum des Dramas steht. Die familiäre Ordnung dieses Clans wird im Folgenden entlang folgender thematischer Schwerpunkte näher beleuchtet: Zunächst soll ein genauerer Blick auf die innere Struktur und Logik sowie die Funktionsweise dieser Familie geworfen werden (1). In einem

1 Das Drama wird hier und im Folgenden unter Angabe der Seitenzahl zitiert nach folgender Ausgabe: Friedrich Schiller: Die Räuber. In: Gedichte. Dramen I. Hg. von Albert Meier. Sämtliche Werke in 5 Bänden. Hg. von Peter-André Alt, Albert Meier und Wolfgang Riedel, Band I, München/Wien 2004. – Diese Ausgabe folgt dem Erstdruck, während der Edition im dritten Band der Nationalausgabe die zweite Druckfassung mit Änderungen von fremder Hand zugrunde liegt. Siehe hierzu auch Fußnote 7. Aus Gründen der Konsequenz werden auch die weiteren Texte Schillers nach dieser Ausgabe zitiert.

zweiten Schritt wird die Frage gestellt, in welchem Zusammenhang die Familienordnung der Moors mit der christlichen Morallehre steht, an deren Maximen die moralische Haltung des Textes ausgerichtet ist (2). In einem dritten Punkt wird geklärt, welchen Einfluss das vergleichsweise moderne Menschenbild Franz Moors auf sein Handeln innerhalb der familiären Ordnung hat (3), um anschließend die je verschiedene Genialität der beiden gegensätzlichen Brüder genauer zu betrachten und nach dem Zusammenhang zwischen Moralität und körperlicher Ästhetik zu fragen (4). Gegenstand der abschließenden Überlegungen ist schließlich die politische Dimension der dargestellten Familienkonstellation (5).

1. Ordnung der Familie(n) im Text

Die Familienstruktur der *Räuber* wird von der Forschung gerne in den Zusammenhang des bürgerlichen Trauerspiels gestellt,[2] wobei geflissentlich übersehen wird, dass es sich hier nicht um ein bürgerliches Trauerspiel handelt, da wir es zwar mit einem bürgerlichen Autor, jedoch mit adligem Dramenpersonal zu tun haben: Die Moors sind *von* Moors, was sich als bedeutsam erweist im Hinblick auf die Struktur der Familie.

Das Stück konzentriert sich auf die Kernfamilie, bestehend aus dem Vater, den das Personenverzeichnis als „Maximilian, *regierender Graf von Moor*" ausweist, der im Stück selbst jedoch nur als „der alte Moor" bezeichnet wird, und seinen beiden vermeintlich ungleichen Söhnen Karl und Franz.[3] Von Karl erfährt der Zuschauer zu Beginn des Stücks, dass er die Heimat verlassen hat und in einer sächsischen Universitätsstadt sein amoralisches Unwesen treibt – so zumindest die Darstellung seines Bruders. Franz, der Zweitgeborene, befindet sich im Haus an der Seite des Vaters, wobei jedoch nichts darüber verlautet, welche Funktion er in der heimatlichen Grafschaft inne hat. Analog dazu tritt „der

2 So diskutiert etwa Katharina Grätz das Drama im Kontext des bürgerlichen Trauerspiels und beruft sich dabei vor allem auf die Figur des sentimentalen Vaters (Katharina Grätz: Familien-Bande. *Die Räuber.* In: Günter Sasse (Hg.): Schiller. Werk-Interpretationen, Heidelberg 2005, S. 11–34, hier S. 14).

3 Zur Frage nach der nur vermeintlichen Ungleichheit der beiden Brüder siehe Fußnote 20.

alte Moor" immer nur in seiner Rolle als Vater, nie in der Position des Grafen auf, wie auch Karl Moor, vor Gründung seiner Räuberbande, keiner näher bezeichenbaren, zumal keiner sinnvollen Tätigkeit nachzugehen scheint. Alle drei Hauptfiguren des Stücks treten nur in ihrer Funktion innerhalb der adligen Kernfamilie auf, alle anderen Protagonisten nur in der jeweiligen Funktion, die sie gegenüber den Mitgliedern dieser Familie erfüllen. Das gesamte Figurenrepertoire des Stücks ist um den familiären Kern herum gruppiert.

Vater Moor erweist sich insofern als typischer Vertreter adligen Patriarchentums, als in seiner Familie das Recht des Erstgeborenen gilt: Er hat, so erfährt der Zuschauer aus Franz' verbitterten Erinnerungen, stets ungeniert den Erstgeborenen favorisiert und seinen Zweitgeborenen bestenfalls ignoriert. Als Franz Moor in der ersten Szene des Stücks seine Intrige zu spinnen beginnt und den Vater mit einem gefälschten Brief vom unsittlichen Treiben seines älteren Bruders überzeugt, reagiert dieser auf den ausführlichen Bericht seines Sohns stets nur mit matten Ausdrücken des Leidens. Als er jedoch hört, dass ein Kopfgeld auf Karl Moor ausgesetzt wurde, weint der Vater bitterlich, so die Regieanweisung, und exklamiert: „Mein Name! Mein ehrlicher Name!" (495) Bezeichnenderweise gilt seine erste Sorge nicht dem verlorenen Sohn, sondern dem guten Leumund der Familie, dem Namen des Vaters.

Auch der Konflikt der Söhne wird von Schiller als typischer Konflikt einer adligen Familie inszeniert. Karl und Franz sind, unabhängig von ihrer persönlichen Beziehung zueinander und allein durch die familiäre Ordnung, in die sie hineingeboren wurden, Konkurrenten. Das Stück präsentiert diesen Konflikt auf vier verschiedenen Ebenen: (1) Die Brüder konkurrieren um die Machtposition des zukünftigen Patriarchen und Familienvorstands, also um eine gesellschaftliche Stellung und somit um die Verfügungsgewalt über ein symbolisches Kapital. (2) Sie konkurrieren zugleich um reales, ökonomisches Kapital, nämlich die Macht des künftigen Grafen von Moor über den Besitz und die Dienerschaft. (3) Sie konkurrieren außerdem als Söhne um die Liebe des Vaters sowie (4) unglücklicherweise auch noch um die Liebe der gleichen Frau, ihrer Cousine Amalia von Edelreich.

Im System der patriarchalischen Ordnung ist die Brüder-Konkurrenz eigentlich nicht vorgesehen, steht der Zweitgeborene

Franz doch schlicht in keinem der genannten Punkte an erster Stelle. Anders als in bürgerlichen Familien besteht für den Zweitgeborenen auch keine Möglichkeit, sich durch Verdienste auszuzeichnen und sich auf diese Weise eines bessere Position zu erarbeiten; vielmehr erscheint die adlige genealogische Ordnung, die das Drama inszeniert, als gottgegeben. Aus der Tatsache, dass Franz Moor diese vermeintlich ‚heilige' Ordnung nicht zu akzeptieren bereit ist, entsteht das eigentliche Movens der Handlung.

Im Gegensatz zu seinem Bruder stellt Karl Moor, der als Erstgeborener von der patriarchalischen Familienstruktur profitiert, diese Ordnung an keiner Stelle grundsätzlich in Frage, im Gegenteil: Als er sich durch den falschen Brief seines Bruders vom Vater verstoßen glaubt, übernimmt er den Posten des Hauptmanns der Räuberbande und schafft sich auf diese Weise einen Ersatz für die verlorene Familie, der nach den gleichen patriarchalischen Regeln funktioniert wie diese. Die Räuber, die Karl Moor wiederholt „Kinder" nennt, werden auf unbedingten Gehorsam gegenüber dem Hauptmann eingeschworen, der absolutistische Rechte genießt und allein über alle Belange der sozialen Gruppe bestimmt. Seine Entscheidungen bedürfen nicht der Rechtfertigung, sie gründen sich nicht auf Meinungsbildung innerhalb der Basis, sondern besitzen ebenso absolute Gültigkeit wie Gottesurteile.

Eine weitere Analogie zwischen Karl Moors Familie und seiner Räuberbande fällt ins Auge: Ebenso wie Karl Moor den Hass seines Bruders Franz nicht wahrnimmt – die Möglichkeit, dass der neidische Bruder ihm nicht die Wahrheit schreibt, zieht er nicht ernsthaft in Betracht –, nimmt er auch nicht wahr, dass er sich mit Spiegelberg schon bei der Initiation der Räuberbande einen Feind in den eigenen Reihen macht. Der Impuls zur Gründung der Bande geht ursprünglich von Spiegelberg aus, entsprechend nimmt dieser an, ihr Oberhaupt zu werden (513 f.).[4] Die anderen künftigen Räuber verlangen jedoch nach Moor als Hauptmann, obwohl dieser beim eigentlichen Gründungsakt nicht einmal anwesend war, nun aber durch das Einschwören der Bande auf seine Person das gesamte Unternehmen an sich zieht. Spiegelberg fühlt sich

4 Er kommt darauf in der fünften Szene des vierten Aktes noch einmal zu sprechen: „Spiegelberg. […] Wer hat ihn zum Hauptmann über uns gesetzt, oder hat er nicht diesen Titel usurpiert, der von Rechts wegen mein ist?" (587)

durch den Hauptmann Moor ebenso ausgebootet wie Franz Moor durch seinen älteren Bruder. Karl Moor jedoch nimmt es nicht wahr, obwohl die Regieanweisung Spiegelberg vorschreibt, *„wütend auf und nieder“* zu laufen (516), während der neue Hauptmann seinen pathetischen Treuschwur proklamiert.[5] Ebenso wie seinem Vater mangelt es Karl Moor an Aufmerksamkeit für seine Gegenspieler, zum großen Patriarchen fehlt ihm die Sorge, alle Mitglieder der ‚Familie‘ ins Boot zu holen.

So trägt das patriarchalische Familiengefüge, das Schiller präsentiert, bereits den Keim des eigenen Niedergangs in sich, wie sich am deutlichsten am Verhalten des Patriarchen selbst erweist. Der alte Graf von Moor handelt keineswegs als autoritäres Oberhaupt eines Familienverbandes, vielmehr handelt er eigentlich gar nicht, sondern wird zum Objekt der Handlungen seiner Söhne: Von Franz wird der Vater manipuliert, später im Turmgefängnis gefangen gesetzt und dem Tod durch Verhungern preis gegeben; von Karl wird der Vater schließlich aus dem Gefängnis befreit – er selbst aber agiert nicht und macht an keiner Stelle des Dramas von seiner patriarchalischen Autorität Gebrauch. Das Machtwort des Vaters, das die tragische Katastrophe vielleicht hätte verhindern können, bleibt aus. Am Ende des Dramas steht fest, dass die Familie Moor nicht weiter bestehen wird und ihre patriarchalische Kraft und Würde verloren hat. Daraus lässt sich eine Kritik Schillers an der Überlebtheit des traditionellen patriarchalischen Familien- und Herrschaftssystem ableiten, zu dem der Text aber noch keine Alternative kennt.

2. Christliche Moralität und die Heiligkeit der Familie

Die Familienkonstellation des Dramas erscheint, im christlichen Sinne, als ‚heilig‘: ‚Gottvater‘ Moor steht an der Spitze der hierar-

5 Dies mag mit der Tatsache zusammenhängen, dass die Macht zu verführerisch ist, um noch Raum für Aufmerksamkeit für den Anderen zu lassen. So stellt Walter Müller-Seidel fest: „[…] immer ist es bei Schiller der Macht eigentümlich, daß sie verführt.“ (Walter Müller-Seidel: Verschwörungen und Rebellionen in Schillers Dramen. In: Achim Aurnhammer/Klaus Manger/Friedrich Strack (Hg.): Schiller und die höfische Welt, Tübingen 1990, S. 422–446, hier S. 431)

chischen Ordnung und wird als „göttlicher Mann" und „göttlicher Greiß" apostrophiert, während sein Sohn Karl zur Christusfigur stilisiert wird. Als Karl Moor inkognito und in Verkleidung am Hof des Vaters auftaucht und vom alten Diener Daniel erkannt wird, ruft dieser aus: „Jesus Christus! Da steht er ja leibhaftig wieder in der alten Stube!" (578) Um die Analogie zur christlichen Auferstehung noch deutlicher zu markieren, verkündet Daniel wenig später: „Mein Herr und Meister lebt, ihn haben meine Augen gesehen!" (579)[6] Später nennt ihn der Vater, der seinen Sohn bei der Befreiung aus dem Turm noch nicht erkennt, seinen „Erlöser" (594).

Auch von den Räubern wird Karl Moor wie eine Erlöserfigur behandelt – ein Verhalten, das noch dadurch verstärkt wird, dass Karl selbst sich als Jesusfiguration inszeniert. „Bald – bald ist alles erfüllet" (588), erklärt er der Räuberschar, als habe er christusgleich einen göttlichen Auftrag zu erfüllen. Als er das Verbrechen seines Bruders Franz aufdeckt, der den Vater im Turmgefängnis verhungern lassen wollte, zerreißt Karl Moor in einer dramatischen (und unzweifelhaft bühnenwirksamen) Geste *„sein Kleid von obenan bis unten"*, so die Regieanweisung (596). Nachdem der Hauptmann die klassische Trauergeste der Patriarchen des Alten Testaments vollzogen hat,[7] ruft er Gott an: „Höre mich dreimal schröcklicher Gott, der da oben über dem Monde waltet, und rächt und verdammt über den Sternen, und feuerflammt über der Nacht!" (596) Karl Moor schwört vor Gott, den versuchten Vatermord zu rächen. Den gleichen Schwur verlangt er auch den anderen Räubern ab und deklariert dabei den Inhalt des Schwurs zum Gottesurteil. In einem pathetischen Akt weiht er die marodierende Räuberbande zu einer heiligen Schar von Kreuzrittern und versieht sie mit einem göttlichen Auftrag:

6 Vgl. das Evangelium nach Johannes 20,24 ff.

7 Das Alte Testament kennt viele Szenen der Kleiderzerreißung als Gesten der Trauer oder der Reue, in keiner Situation aber ist diese Geste so eng mit dem Verhältnis von Vater und Sohn verbunden wie in der Josephsgeschichte der Genesis: Der Patriarch Jakob zerreißt sein Kleid, als er vom vorgeblichen Tod seines Lieblingssohnes Joseph erfährt, wie bereits zuvor sein Erstgeborener Ruben sein Gewand zerrissen hat, nachdem er den Brunnen, in den die neidischen Brüder Joseph geworfen hatten, leer vorgefunden hat (Gen 37,29 ff.).

> [...] das hat euch wohl niemals geträumet, daß ihr der Arm höherer Majestäten seid? der verworrene Knäul unsers Schicksals ist aufgelöst! Heute, heute hat eine unsichtbare Macht unser Handwerk geadelt! Betet an vor dem, der euch dies erhabene Los gesprochen, der euch hieher geführt, der euch gewürdiget hat, die schröckliche Engel seines finstern Gerichtes zu sein! Entblößet eure Häupter! Kniet hin in den Staub, und stehet geheiliget auf! *(Sie knien)* (597)

Doch auch dieses christliche Sendungsbewusstsein trägt bereits den Keim des Niedergangs und der Zerstörung in sich. Karl wird dem vatermordenden Bruder nicht den Prozess machen können, weil dieser sich durch den Suizid der Strafe für sein unmoralisches Verhalten entzieht. Zudem kostet Karls anmaßender Habitus den treuen Schweizer das Leben: Nachdem ihm der Hauptmann den heiligen Schwur abgenommen hat, ihm den Bruder lebend zu bringen – was nach dessen Selbstmord schwerlich möglich ist –, tötet Schweizer sich selbst, um den Ehrverlust zu kompensieren, der durch die Nichterfüllung des Auftrags entstanden ist.

Die weibliche Rolle in dieser heiligen Familienkonstellation bleibt merkwürdig unbesetzt. Der Mutter der Moor-Brüder kommt im Drama keine Bedeutung zu, sie wird kaum erwähnt und gewinnt auch in der Erinnerung ihrer Söhne keine Präsenz. Die Position der heiligen Jungfrau, der Unbefleckten, ist somit Karls Verlobter Amalia vorbehalten, die in ihrer Reinheit eher bereit ist, für immer ins Kloster zu gehen, als die Mätresse des Tyrannen Franz zu werden. Die Position des Gegenspielers im Gefüge der ‚Heiligen Familie' hingegen bleibt keineswegs unausgefüllt: Franz verkörpert Luzifer, den gefallenen Engel, der Teil der heiligen Gemeinschaft war, bevor sein Hochmut ihn zu Fall brachte. Franz Moor erweist sich in vielerlei Hinsicht als absolut und grundsätzlich böse im metaphysischen Sinne.

Die Moral, die die Handlungen der Figuren bestimmt oder an der sie sich reiben, folgt noch der klassischen christlichen Ethik. Gegenstand der Auseinandersetzung ist in den *Räubern* noch nicht die moderne, auf der Autonomie des vernünftigen Subjekts beruhende Morallehre, die Kant wenig später in den 1780er und 1790er Jahren in der *Grundlegung zur Metaphysik der Sitten* (1785/86), der *Kritik der praktischen Vernunft* (1788) und der *Metaphysik der Sitten* 1797/1798) entwerfen und die großen Einfluss auf Schillers ethisches wie ästhetisches Denken gewinnen wird.

Die christliche Moral, um die das Stück kreist, heiligt das patriarchalische Familienmodell in Anlehnung an die göttliche Familie und deren vaterzentrierte Struktur. Franz Moors grundsätzliche Amoralität besteht nach der Logik dieser Tugendlehre darin, dass er diese Heiligkeit der Familie nicht anerkennt:

> Ich habe Langes und Breites von einer sogenannten *Blutliebe* schwatzen gehört, das einem ordentlichen Hausmann den Kopf heiß machen könnte – Das ist dein Bruder! – das ist verdolmetscht; Er ist aus eben dem Ofen geschossen worden, aus dem du geschossen bist – also sei er dir heilig! – Merkt doch einmal diese verzwickte Konsequenz, diesen possierlichen Schluß von der Nachbarschaft der Leiber auf die Harmonie der Geister; von eben derselben Heimat zu eben derselben Empfindung; von einerlei Kost zu einerlei Neigung. Aber weiter – es ist dein Vater! Er hat dir das Leben gegeben, du bist sein Fleisch, sein Blut – also sei er dir heilig. Wiederum eine schlaue Konsequenz! Ich möchte doch fragen, *warum* hat er mich gemacht? doch wohl nicht gar aus Liebe zu mir, der erst ein Ich werden sollte? Hat er mich gekannt, ehe er mich machte? Oder hat er mich gemacht, wie er mich machte? Oder hat er mich gewünscht, da er mich machte? Wußte er, was ich werden würde? das wollt ich ihm nicht raten, sonst möchte ich ihn dafür strafen, daß er mich doch gemacht hat! (501)

Franz stellt die vermeintliche Heiligkeit der Familienbande insofern in Frage, als er im Vorgang der Zeugung keinen metaphysischen Akt, auch keinen Ausdruck des bewussten Wollens, sondern allein die blinde Natur am Werk sieht: „Wo stickt dann nun das Heilige? Etwa im Aktus selber, durch den ich entstund? – Als wenn dieser etwas mehr wäre als viehischer Prozeß zur Stillung viehischer Begierden!" (502)

Die Natur bringt nicht das Heilige hervor, sie ist nicht als Realisierung und Sichtbarmachung des göttlichen Willens und ihr Produkt, der Mensch, nicht als Abbild Gottes, sondern als Produkt des Zufalls zu verstehen. In ihrer Willkür erweist sich die Natur als blind und ungerecht, benachteiligt sie doch Franz nicht nur durch die Zweitgeburt, sondern auch noch durch sein hässliches Äußeres:

> Ich habe große Rechte, über die Natur ungehalten zu sein, und bei meiner Ehre! ich will sie geltend machen. – Warum bin ich nicht der erste aus Mutterleib gekrochen? Warum nicht der einzige? Warum mußte sie mir die Bürde von Häßlichkeit aufladen? gerade mir? [...] Warum gerade mir die Lappländersnase? Gerade mir dieses Mohrenmaul? Diese Hottentottenaugen? (500)

Der Text unternimmt in dieser Szene den Versuch einer psychologischen Erklärung für den Menschenhass und das amoralische Verhalten Franz Moors, doch wurzelt dessen Wut auf die Natur sowie seine Weigerung, sich ihrer Willkür zu unterwerfen, nicht nur in der psychologischen Konstellation, sondern vor allem auch in seiner philosophischen Weltsicht: Wer, so fragt Franz Moor, habe der Natur die Vollmacht verliehen, Karl mit allem Guten, ihn aber mit aller Hässlichkeit der Welt auszustatten (500)? Franz Moors Protest gegen die eigene naturalistische Determinierung basiert darauf, den Menschen nicht nur als Natur-, sondern vor allem als Kulturwesen zu betrachten, ist er doch begabt mit einer Vernunft, die ihn über die Natur erhöht, und verfügt über einen Willen, mit der er die Natur zu bezwingen in der Lage ist. Die Natur hat Franz übergangen, doch sein Wille gibt ihm die Freiheit, aus sich zu machen, was er sein will: „Sie [die Natur; JS] gab mir nichts; wozu ich mich machen will, das ist nun meine Sache." (500)

3. *Menschenbilder*

Mit der These, dass der Mensch es selbst in der Hand hat, etwas aus sich zu machen, übernimmt Franz Moor die Position der Aufklärung – auch in diesem Punkt erweist er sich als Luzifer, als „Lichtbringer" (lux ferre) und repräsentiert somit innerhalb des Textes das moderne Verständnis des Subjekts und seiner Möglichkeiten.[8] Zugleich stellt Franz Moor den Prototypen eines

8 Zur Modernität des Subjektverständnisses in Schillers *Räubern* siehe ausführlich Christian Kohlroß: Schillers *Räuber* oder die Neuerfindung der Subjektivität. In: Athenäum. Jahrbuch für Romantik 16 (2000), S. 39–56. Außerdem Michael Hofmann: Schillers „Räuber" und die Pathogenese moderner Subjektivität. In: Zeitschrift für deutsche Philologie 115 (1996), Sonderheft, S. 3–15.

fehlgeleiteten Aufklärers dar, der sich durch seine Vernunft über die Natur und die göttliche Familienordnung erhebt und die Freiheit seines Willens missbraucht.[9]

Der Text gibt Franz Moors Weltsicht insofern recht, als an keiner Stelle eine philosophische Begründung des familiären Ordnungsschemas unternommen oder eine Erklärung dafür bereitgestellt wird, warum der Zweitgeborene nicht gegen seine Benachteiligung aufbegehren sollte. Die patriarchalische Logik liefert Franz Moor keinen Grund, eine Familie zu lieben, die ihn umgekehrt auch nicht liebt und ihn aus den symbolischen wie ökonomischen Strukturen ihrer Ordnung ausschließt. Zugleich setzt der Text Franz Moors Weltbild jedoch durch die Tatsache ins Unrecht, dass dieses Weltbild im entscheidenden Moment ins Wanken gerät, denn das Bewusstsein der eigenen Sündhaftigkeit holt auch Franz Moor am Ende ein. Verfolgt von der Angst vor der Rache seines Bruders und geplagt von Angstträumen, droht er dem Wahnsinn zu verfallen. Das Subjekt, das ein Bewusstsein des eigenen Tuns entwickelt, wird krank vor Angst und kann sich, für den Moment, nur durch Verlust dieses Bewusstseins retten. Nach einem erschütternden Alptraum fällt Franz Moor vor dem Diener Daniel in Ohnmacht:

> FRANZ. […] Krankheit verstöret das Gehirn, und brütet tolle und wunderliche Träume aus – Träume bedeuten nichts – nicht wahr, Daniel? Träume kommen ja aus dem Bauch, und Träume bedeuten nichts – ich hatte soeben einen lustigen Traum. *(Er sinkt unmächtig nieder)* (600)

Soeben versucht sich das aufklärerische Subjekt noch an einer rationalen Erklärung des eigenen Zustands, da verliert es das Bewusstsein und damit die Voraussetzung für seinen Status als

9 Die Handlungen Franz Moors, so merkt Horstenkamp-Strake an, liefern somit den Beweis, dass vernünftiges Verhalten nicht notwendig moralischen Regeln folgen muss (Ulrike Horstenkamp-Strake: „Daß die Zärtlichkeit noch barbarischer zwingt als Tyrannenwut!“ Autorität und Familie im deutschen Drama, Frankfurt am Main 1995, S. 139). Schon hier kreist Schiller also um die Frage, die später seine ethisch-ästhetische Auseinandersetzung mit Kant bestimmen wird, wodurch der Mensch eigentlich zum moralischen Subjekt wird.

vernünftiges Subjekt. Der Diener Daniel, der die alte Metaphysik vertritt, versichert seinem Herrn zwei Mal: „Träume kommen von Gott. [...] Träume kommen von Gott. Ich will für Euch beten." (602) Franz Moor erklärt diese Sicht zwar zum Ammenmärchen, doch sein vorher so auf- und abgeklärtes Selbstbewusstsein erleidet einen entscheidenden Riss. Noch in der Nacht lässt er den Priester kommen, vorgeblich, um dessen Argumente in einem Streitgespräch widerlegen zu können. Doch Pater Moser lässt sich nicht auf einen philosophischen Disput ein, er versucht nicht, Franz Moors These von der Nichtexistenz Gottes zu entkräften, sondern zielt auf seinen schwächsten Punkt:

> MOSER. Das [Franz Moors logischer Anti-Gottesbeweis; JS] ist die Philosophie Eurer Verzweiflung. Aber euer eigenes Herz, das bei diesen Beweisen ängstlich bebend wider Eure Rippen schlägt, straft Euch Lügen. Diese Spinnweben von Systemen zerreißt das einzige Wort: du mußt sterben! – ich fordere Euch auf, das soll die Probe sein, wenn Ihr im Tode annoch feste steht, wenn Euch Eure Grundsätze auch da nicht im Stiche lassen, so sollt Ihr gewonnen haben; wenn Euch im Tode nur der mindeste Schauer anwandelt, weh Euch dann! Ihr habt Euch betrogen. (604)

Damit sind die rationalen Grundfesten des Welt- und Selbstentwurfs Franz Moors erschüttert. Als er hört, dass sich die rächende Räuberbande seines Bruders nähert, erdrosselt er sich selbst; in einem letzten verzweifelten Willensakt setzt er seiner Existenz als rationales Subjekt, die längst gescheitert ist, selbst ein Ende.

Nun könnte man den metaphysischen Zweifel, den Franz Moor kurz vor seinem Selbstmord erlebt, als Beleg dafür werten, dass der Mensch das aufklärerische Ideal noch nicht erreicht hat und im Zweifelsfall in den alten Glauben zurückfällt – im Moment der Todesangst versucht sich selbst Franz Moor an einem Gebet. Das Schicksal des jüngeren Bruders in den *Räubern* lässt sich jedoch überzeugender als früher Beleg der Schiller'schen Skepsis gegenüber einem rein vernunftbasierten Menschenbild lesen, wie er sie später gegenüber der Vernunftethik Kants äußern wird. Ohne die Beteiligung des Gefühls wird der Mensch kein moralisches Subjekt, vielmehr muss er auch affektiv, auch als sinnliches und ästhetisches Wesen kultiviert werden, wenn er moralisches Bewusstsein entwickeln soll. Die Vernunftbegabung des Menschen allein, so wird an Franz Moor deutlich, ist alles andere als ein Garant für seine Moralität.

Dennoch ist Franz Moor der Charakter des Stücks, der das modernste Menschenbild vertritt, befindet er sich doch, aus wissenschaftlicher Perspektive, auf dem neusten Forschungsstand: auf dem Stand der soeben vorgelegten Dissertation des jungen Medicus Friedrich Schiller. Schon der gemeinsame Produktionszusammenhang verweist auf die Nähe zwischen dem Drama und Schillers medizinischer Schrift. *Die Räuber* entstehen in den letzten beiden Jahren, die Schiller in der Militärerziehung der Karlsschule verbringt. Parallel zur Arbeit am Drama schreibt Schiller seine dritte und schließlich erfolgreiche Doktorschrift, *Versuch über den Zusammenhang der tierischen Natur des Menschen mit seiner geistigen*, wobei die Niederschrift beider Texte vorwiegend im Jahr 1780 erfolgt.[10] Die Doktorschrift reicht Schiller im Herbst 1780 ein, *Die Räuber* veröffentlicht er (auf eigene Kosten) im Frühjahr 1781.[11] Das Stück erscheint mit einer Druckauflage von 800 Exemplaren nach einigen redaktionellen, vor allem mäßigenden Eingriffen, die Schiller selbst vornimmt. Im Sommer 1781 erfolgen weitere Eingriffe für die erste Bühnenfassung von Schillers Seite, vor allem aber von Seiten des Intendanten des 1779 gegründeten Mannheimer Nationaltheaters, Wolfgang Heribert Freiherr v. Dalberg (1750–1806). Der drastischste Eingriff Dalbergs besteht darin, dass er das Geschehen von der jüngsten Vergangenheit – Schillers Stück spielte ursprünglich vor dem Hintergrund des Siebenjährigen Krieges (1756–1763) – ins 16. Jahrhundert verlegt, um die politische Brisanz des Textes zu mildern.[12]

10 Peter-André Alt: Schiller. Leben – Werk – Zeit. Erster Band, München 2000, S. 277. – Guthke schickt seiner Analyse des Einflusses der medizinischen Dissertation auf das Drama die Bemerkung voraus, Schiller habe die Vorrede zu den *Räubern* mit „D.Schiller", also Dr. med. Schiller signiert (Karl S. Guthke: Schillers Dramen. Idealismus und Skepsis, Tübingen 2009 (2. Auflage), S. 31).

11 Zur Druckgeschichte siehe u. a. Norbert Oellers: Schiller. Elend der Geschichte, Glanz der Kunst, Stuttgart 2006, S. 115 f.

12 Hierzu bemerkt Peter-André Alt: „Dalberg sucht mit seiner historischen Verkleidung die Gesellschaftskritik des Dramas zuzudecken; zum anderen möchte er dem Zeitgeschmack entgegenkommen, der seit Goethes Götz eine Vorliebe für Ritterschauspiele hegt." (Peter-André Alt: Schiller, a. a. O., S. 281) Alt betont zudem, dass Schiller mit den Änderungen nicht einverstanden war.

Der Terminus „medizinisch" ist im Fall der Promotionsschrift als Verbindung von Physiologie und Psychologie zu verstehen. Schiller unternimmt in seiner Dissertation den Versuch, die Ergebnisse der modernen „Erfahrungsseelenkunde" mit denen der Nervenphysiologie und Neuropathologie in Beziehung zu setzen.[13] Die Grundlage der Argumentation bildet die These der „influxionistischen Theorie", die von einer engen Wechselwirkung zwischen Geist und Körper ausgeht und die Schiller in § 12 seiner Doktorschrift wie folgt formuliert:

> § 12. Gesetz. Der Verstand des Menschen ist äußerst beschränkt, und darum müssen es auch notwendig alle Empfindungen sein, die aus seiner Tätigkeit resultieren. Diesen also einen größeren Schwung zu geben und den Willen mit gedoppelter Kraft zum Vollkommenen hinzuziehen und vom Übel zurückzureißen, wurden beide Naturen, geistige und tierische, also eng ineinander verschlungen, daß ihre Modifikationen sich wechselweise mitteilen und verstärken. Daraus erwächst nun ein Fundamentalgesetz der gemischten Naturen, das [...] ohngefähr also lautet: *Die Tätigkeiten des Körpers entsprechen den Tätigkeiten des Geistes; d. h. jede Überspannung von Geistestätigkeit hat jederzeit eine Überspannung gewisser körperlicher Aktionen zur Folge, so wie das Gleichgewicht der erstern oder die harmonische Tätigkeit der Geisteskräfte mit der vollkommensten Übereinstimmung der letztern vergesellschaftet ist.*[14]

Die Harmonie des Geistes bewirkt eine Harmonie der körperlichen Kräfte und umgekehrt. Für den Mediziner stellt dies insofern eine relevante Erkenntnis dar, als er nicht nur über die Einwirkung auf Geist und Seele körperliche Leiden kurieren, sondern auch geistigen und seelischen Erkrankungen über die körperliche Ebene im Wortsinne ‚zu Leibe rücken' kann. Um diese These zu illustrieren, führt der junge Mediziner Schiller in seiner Dissertation Beispiele an und verweist dabei wie selbstverständlich auch auf seinen fiktionalen Text *Die Räuber* als empirischen Beleg für

13 Siehe hierzu ausführlich Katharina Grätz: Familien-Bande, a. a. O., S. 16 ff.

14 Friedrich Schiller: Versuch über den Zusammenhang der tierischen Natur des Menschen mit seiner geistigen. In: Erzählungen. Theoretische Schriften. Hg. von Wolfgang Riedel. Sämtliche Werke in 5 Bänden. Hg. von Peter-André Alt, Albert Meier und Wolfgang Riedel, Band V, München/Wien 2004, S. 306.

seine medizinische These[15] – ungeachtet der Tatsache, dass die Lehrer der Karlsschule die Verquickung von Wissenschaft und Poesie bereits im Fall seiner ersten Dissertation ausdrücklich gerügt hatten.[16]

Umgekehrt halten auch die wissenschaftlichen Ideen Einzug ins Drama.[17] Als würde die fiktive Figur Franz Moor die Thesen des realen Mediziners Schiller kennen, schmiedet er aus diesen seinen perfiden Plan: den Vater über die Zerrüttung seiner Geistes- und Seelenkräfte zu töten, um endlich die Position des Grafen übernehmen zu können und für alle erduldete Benachteiligung entschädigt zu werden.

Wenn Franz Moor sich im ersten Satz des Dramas („Aber ist Euch auch wohl, Vater? Ihr seht so blaß.“) nach dem Befinden des alten Grafen erkundigt, ist dies somit nicht nur als geheucheltes Mitleid zu verstehen, das die eigene Intrige bemänteln soll, sondern auch als wissenschaftliches Interesse am Ausgang seines Experiments. Im Monolog des zweiten Aktes bekennt er seinen Plan, vorzugehen „wie der gescheite Arzt, (nur umgekehrt).“ (521)[18] Auch diese Umkehrung der influxionistischen Lehre, ihr Gebrauch zu anti-medizinischen Zwecken, wurde in Schillers Dissertation bereits diskutiert. Ebenso wie positive Emotionen heilsam für den Körper seien, könnten umgekehrt negative Emotionen wie Zorn oder Erschrecken ein „Fieber der Seele“ auslösen, welches den Körper angreife:

> der Zustand des größten Seelenschmerzes ist zugleich der Zustand der größten körperlichen Krankheit. […] Tiefe chronische Seelenschmerzen, besonders wenn sie von einer starken Anstrengung des Denkens begleitet sind, […] nagen gleichsam an den Grundfesten des Körpers und trocknen die Säfte des Lebens aus.[19]

Franz Moor ergreift bei diesem Gedanken die Begeisterung jenes genialen, aber wahnsinnigen und machtbesessenen Wissenschaftlers, der, als Nachfahre Fausts und Frankensteins, in Literatur

15 Ebd., S. 309 f.

16 Katharina Grätz: Familien-Bande, a. a. O., S. 17.

17 Eine detaillierte Analyse der Pathologien der Dramenfiguren unternimmt Gilles Darras: Mit Leib und Seele. Körpersprache, Psychologie und Philosophie in Schillers frühen Dramen. In: Euphorion 99 (2005), S. 69–101.

und Film des 20. Jahrhunderts zum Prototypen avancieren wird. Das Genialische dieser Figur und ihrer manischen Forschungsarbeit deutet sich bei Franz Moor bereits an: „Wer es verstünde, dem Tod diesen ungebahnten Weg in das Schloß des Lebens zu ebenen? – den Körper vom Geist aus zu verderben – ha! ein Originalwerk!" (522)

4. Genialität und moralische Ästhetik

Während Franz den Typus des wahnsinnigen und amoralischen Wissenschaftsgenies verkörpert, erscheint sein Bruder Karl fast als Karikatur des „Kraftgenies" des Sturm und Drang:[20] Er ist leidenschaftlich, kreativ, machtbesessen, männlich dominant und zugleich empfindsam. Zu Beginn des Dramas präsentiert sich der spätere Räuberhauptmann jedoch eher als verwöhnter Sohn aus

18 Wolfgang Riedel nennt Franz Moor im Anschluss an diese Selbstaussage einen „umgekehrten Arzt" und „finsteren Philosophen" und diskutiert neben dem Einfluss der Dissertation auch die weiteren eigenen wie fremden philosophischen Texte Schillers, die bei der Gestaltung der Figur Franz Moors als Quellen dienten (Wolfgang Riedel: Die Aufklärung und das Unbewusste. Die Inversionen des Franz Moor. In: Dietrich Engelhardt/Hans Wißkirchen (Hg.): Von Schillers Räubern zu Shelleys Frankenstein. Wissenschaft und Literatur im Dialog um 1800, Stuttgart/New York 2006, S. 19–40).

19 Friedrich Schiller: Versuch über den Zusammenhang der tierischen Natur des Menschen mit seiner geistigen, a. a. O., S. 308 f.

20 Die Tatsache, dass die beiden Brüder bei aller Verschiedenheit doch beide etwas Geniales haben, legt die Deutung nahe, sie verkörperten zwei Seiten einer Medaille. Schon früh vertritt etwa Emil Staiger diese vieldiskutierte These (Emil Staiger: Das große Ich in Schillers „Räubern". In: Theater – Wahrheit und Wirklichkeit. Freundesgabe zum sechzigsten Geburtstag von Kurt Hirschfeld, Zürich 1962, S. 90–103). – In dieses Interpretationsschema fügt sich auch der Umstand, dass sich die beiden Brüder während des gesamten Dramenverlaufs nicht begegnen – man könnte beide Figuren, so Alt, theoretisch mit nur einem Schauspieler besetzen (Peter-André Alt: Schiller, a. a. O., S. 290). – Gert Sautermeister, der ebenfalls auf die Ähnlichkeit der verfeindeten Brüder aufmerksam macht, analysiert deren Nähe aus psychologischer Perspektive hinsichtlich der terroristischen Energie, die Karl wie Franz Moor eigen sei (Gert Sautermeister: Die Räuber – Generationenkonflikt und Terrorismus. In: Bernd Rill (Hg.): Zum Schillerjahr 2009 – Schillers politische Dimension, München 2009, S. 13–23).

gutem Hause, der während seiner Studienzeit, dem Bannkreis der väterlichen Autorität entronnen, über die Stränge schlägt. Sein revolutionärer Habitus beschränkt sich auf rebellische Rhetorik: Eloquent formuliert er seinen Ekel vor dem „tintenklecksenden Säkulum" (502), schimpft auf aufklärerische Buchgelehrsamkeit und praxisferne Theoretiker – er ersetzt, so Katharina Gräf, „die revolutionäre Tat durch die Pose der Revolution."[21] Karl Moor schwadroniert von Freiheit, erteilt aber Spiegelbergs Räuberplänen zunächst eine Abfuhr, da er seine behagliche Existenz als Sohn vorzieht und hofft, ein „edler Vergnügen" im Schatten der „väterlichen Haine" und in den Armen seiner Geliebten Amalia zu erleben (508). Zwar fordert Karl Moor lautstark, Deutschland solle eine Republik werden, Rom und Sparta in den Schatten stellen (504), in seiner eigenen Räuberbande aber werden eine strikt hierarchische Ordnung und ein deutlich autoritärer Führungsstil gepflegt.[22]

Was Karl Moor zum modernen Helden im Sinne des späten 18. Jahrhunderts macht, ist die Mischung aus Mut und Anmut, die er verkörpert. Er spielt die Rolle des grausamen Räuberhauptmanns ebenso überzeugend wie die des empfindsamen und zugleich leidenschaftlichen Liebhabers, wie der Zuschauer aus Amalias Gesang zu Beginn des dritten Akts erfährt: „Schön wie Engel, voll Wallhallas Wonne, / Schön vor allen Jünglingen war er, / Himmlisch mild sein Blick, wie Maiensonne [...]. / Sein Umarmen – wütendes Entzücken! [...] / Seine Küsse – paradiesisch Fühlen!" (556)

Gemäß der Logik der zeitgenössischen Physiognomik lässt sich – bei aller Skepsis Schillers gegenüber Lavaters Theorie – die edle Verfassung seiner Seele bereits an Karl Moors ästhetischem Äußeren ablesen. Die Tatsache, dass er der schönere der beiden Brüder ist, stellt nicht nur ein oberflächliches, bühnenwirksames Detail dar. Vielmehr erweist es sich als essentiell für die Konstruktion des Gegensatzes zwischen den Brüdern Franz und Karl, rekurriert das ästhetische Faktum des Aussehens doch wiederum auf jenen engen Zusammenhang zwischen emotional-geistigem und körperlichem Zustand des Menschen, den die

21 Katharina Gräf: Familien-Bande, a. a. O., S. 26.

22 Peter-André Alt: Schiller, a. a. O., S. 297.

Dissertation zu ergründen sucht. Später wird Schiller diesen Zusammenhang im Essay *Über Anmut und Würde* (1793) noch einmal pointiert formulieren:

> Der Mensch aber ist zugleich eine *Person,* ein Wesen also, welches *selbst* Ursache, und zwar absolut letzte Ursache seiner Zustände sein, welches sich nach Gründen, die es aus sich selbst nimmt, verändern kann. Die Art seines Erscheinens ist abhängig von der Art seines Empfindens und Wollens, also von Zuständen, die er selbst in seiner Freiheit und nicht die Natur nach ihrer Notwendigkeit bestimmt.[23]

Ist der Mensch in der Lage, über seinen geistigen und seelischen Zustand Einfluss auf seine äußere Erscheinung zu nehmen, so kann umgekehrt auch seine Schönheit als Beweis seiner Tugendhaftigkeit dienen. Vor dem Hintergrund dieses Menschenbildes erscheint es konsequent, dass nur die Schönheit Zuneigung und Liebe im Betrachter evoziert, liebt man mit der Schönheit doch zugleich den moralischen Charakter einer Person. Wenn somit im Drama Franz als hässlich und ungeliebt, Karl aber schön und begehrenswert erscheint, dann ist dies (in der Logik des Dramas) nicht, wie Franz annimmt, eine Ungerechtigkeit der Natur, sondern Ausdruck des jeweiligen Grads innerer Kultivierung.

Diese innere Kultivierung ist der Gegenstand von Karl Moors unablässigem Streben, das Ziel seiner narzisstischen Bemühungen: Als typisches Sturm-und-Drang-Genie dreht er sich unablässig um sich selbst. Während Franz kühl seinen Verstand benutzt, um seinen grausamen Plan umzusetzen, pflegt Karl auch die eigenen affektiven und ästhetischen Qualitäten. Nach seinem Wiedersehen mit Amalia, bei dem er sich ihr nicht zu erkennen gibt, kehrt Karl Moor aufgewühlt zur Räuberbande zurück. Dort hat sich in seiner Abwesenheit ein dramatischer Machtkampf abgespielt, in dessen Verlauf der dem Hauptmann treu ergebene Schweizer den Meuterer Spiegelberg erschossen hat. Beim Anblick der Leiche spricht Karl jedoch kein autoritäres Machtwort und dankt auch

23 Friedrich Schiller: Über Anmut und Würde. In: Erzählungen. Theoretische Schriften. Hg. von Wolfgang Riedel. Sämtliche Werke in 5 Bänden. Hg. von Peter-André Alt, Albert Meier und Wolfgang Riedel, Band V, München/Wien 2004, S. 444.

Schweizer nicht für seinen Einsatz und seine Treue, sondern versinkt in eine selbstbezogene Melancholie, in deren Verlauf er den Vorfall als metaphysische Botschaft des Schicksals deutet und ausschließlich auf die eigene Person bezieht:

> MOOR *(in den Anblick [der Leiche Spiegelbergs] versunken, bricht heftig aus).* O unbegreiflicher Finger der rachekundigen Nemesis! [...] das hast du nicht getan, Schweizer.
> SCHWEIZER. Bei Gott! ich habs wahrlich getan, und es ist beim Teufel nicht das Schlechteste, was ich in meinem Leben getan habe. *(Geht unwillig ab)*
> MOOR *(nachdenkend).* Ich verstehe – Lenker im Himmel – ich verstehe – die Blätter fallen von den Bäumen – und mein Herbst ist kommen – Schafft mir diesen aus den Augen. *(Spiegelbergs Leiche wird hinweggetragen)*
> GRIMM. Gib uns Ordre, Hauptmann – was sollen wir weiter tun?
> MOOR. Bald – bald ist alles erfüllet. – Gebt mir meine Laute – Ich habe mich selbst verloren, seit ich dort war [auf dem väterlichen Schloss; JS] – meine Laute sag ich – ich muß mich zurücklullen in meine Kraft – verlaßt mich. (588 f.)

Schweizer geht „unwillig" ab, denn er hatte sich offenbar eine etwas enthusiastischere Reaktion des Hauptmanns auf seinen Akt der Treue erhofft. Auch die übrigen Mitglieder der Bande bleiben ohne Order, denn der empfindsame Karl Moor zieht sich mit seiner Laute zurück und intoniert ein Lied, in dem er die eigene Familiengeschichte mit dem Mythos des symbolischen Vatermords des Brutus an Cäsar assoziiert. In dem depressiven Monolog, der auf das Lied folgt, hadert Karl Moor mit der Möglichkeit des Selbstmords, wobei nicht mangelnder Mut der Grund seines Zögerns zu sein scheint, sondern die Angst des Selbstverlustes durch den Tod: „Sei, wie du willst, *namenloses Jenseits* – bleibt mir nur dieses mein *Selbst* getreu – Sei wie du willst, wenn ich nur *mich selbst* mit hinübernehme. – Außendinge sind nur der Anstrich des Manns – *Ich* bin mein Himmel und meine Hölle." (591)

Karl entscheidet sich schließlich gegen den Suizid, weil er dem Leiden keine Macht über sich einräumen will, und für die Tugend der Duldsamkeit, die ihn vor der Todsünde des Selbstmords bewahrt. Das Zitat deutet die Kehrseite der genialen Ich-Zentrierung an: Ist der Mensch nur durch sich selbst bedingt – Schillers idealistische Philosophie kündigt sich hier bereits an –, so kann jede seelische Erschütterung eine Katastrophe evozieren. Das absolut selbstzentrierte Subjekt nimmt die Befindlichkeiten der Umwelt, etwa die Eifersucht der Konkurrenten, nicht mehr ausreichend wahr; ihm fehlt das Spiegelbild des Gegenüber als Korrektiv für das eigene Handeln.

5. Familienpolitik

Der politische Habitus Karl Moors kann nicht wirklich überzeugen, zu oft ist sein Handeln lediglich durch die eigene Befindlichkeit motiviert. Das Gemeinwohl, dem Karl später seine Taten als eine Art Robin Hood des deutschen Waldes widmen wird, spielt bei der Gründung der Bande noch keine Rolle. Nicht die politischen Argumente, die er eingangs in seiner wütenden Rede Spiegelberg darlegt, bewegen ihn dazu, das Amt des Räuberhauptmanns zu übernehmen, sondern allein die persönliche Verletzung durch den Ausschluss aus der Familie, den der Bruder ihm in seinem falschen Brief suggeriert.

Die beiden feindlichen Brüder ähneln sich in der Unbedingtheit, mit der sie die Umwelt ihrem Willen unterwerfen. Ihre Ichzentriertheit zeichnet sie als Helden des Sturm und Drang aus, zum Subjektstatus im modernen, idealistischen Sinne fehlt ihnen jedoch das Wissen um die Relativität der eigenen Weltsicht. Auch Karl Moor, so stellt Peter-André Alt fest, erweist sich in diesem Sinne als Negativbeispiel, zeigen sich an seinem Denken und Handeln doch die Gefahren, die „eine unbedingte Ermächtigung des Subjekts" mit sich bringt.[24] An der sozialen Ordnung, der er seine Räuberbande unterwirft, wird deutlich, dass er die Rolle des Patriarchen als Ausübung absoluter Macht versteht. Sein autoritäres Konzept reproduziert lediglich die traditionelle patriarchalische Ordnung, die er aus der eigenen Familie kennt. Diese Herrschaftsform weiß noch nichts vom Rousseau'schen Gesellschaftsvertrag, kennt nicht das vernünftige Abwägen von Rechten und Pflichten, weiß nichts von der Verantwortung des Herrschenden gegenüber dem Allgemeinwillen, dem *volonté générale*,

24 Peter-André Alt: Schiller, a. a. O., S. 299.

sondern schwört seine Mitglieder auf die archaischen Tugenden eines Männerbundes ein. Auch die Familie, in der Rousseau das „Urbild" politischer Gemeinschaftlichkeit erkennt, funktioniert theoretisch nach dem Prinzip des Gesellschaftsvertrags, in dem alle Beteiligten einen Teil ihrer Freiheit aufgeben, weil sie dadurch einen größeren Nutzen haben, wie Rousseau im Traktat *Vom Gesellschaftsvertrag* erläutert: „Die Familie ist [...] das Urbild der politischen Gesellschaften; das Oberhaupt ist das Abbild des Vaters, das Volk das Abbild der Kinder, und da alle gleich und frei geboren sind, veräußern sie ihre Freiheit einzig zu ihrem Nutzen."[25]

Dieses moderne politische Modell ist in der Familie Moor noch nicht verwirklicht – weder auf familiärer noch auf herrschaftlicher Ebene –, funktioniert sie doch nicht auf der Grundlage eines Vertrags zwischen freien und gleichen Partnern, sondern nach dem absolutistischen Prinzip.[26] Kapital und Liebe werden in ihr verteilt nach der Willkür des Patriarchen – Franz Moor, als er die Macht vom Vater übernimmt, handelt nicht anders, glaubt er doch, sich die Liebe Amalias mit Gewalt

25 Jean-Jacques Rousseau: Vom Gesellschaftsvertrag oder Grundsätze des Staatsrechts. Hg. von Hans Brockard, Stuttgart 2008, S. 7. Die Passage lautet im Original: „La famille est [...] le premier modèle des sociétés politiques; le chef est l'image du père, le peuple est l'image des enfants, et tous étant nés égaux et libres n'aliènent leur liberté que pour leur utilité." (Jean-Jacques Rousseau: Du Contrat Social ou Principes du Droit Politiques, Paris 1966, S. 42).

26 Überträgt man das Herrschaftsmodell der Familie umgekehrt wiederum auf den Staat, so fügt sich das Drama auch in seiner makropolitischen Struktur insofern in das Schema des Sturm und Drang, als hier kein modernes politisches Modell, sondern eine patriarchalische Herrschaftsform propagiert wird. Richard Quabius erläutert diese gemeinsame politische Haltung der Vertreter des Sturm und Drang: „Gemeinsam ist ihnen die Ablehnung einer umfassenden politischen Organisation, einer modernen, rational geordneten Staatsform, welche die Ansprüche des Individuums zugunsten der Staatsgewalt eingeschränkt hätte. [...] Wo sich die Stürmer und Dränger überhaupt zu einer bestimmten Staatsform bekennen, ist das fast immer einer patriarchalische Ordnung." (Richard Quabius: Generationsverhältnisse im Sturm und Drang, Köln/Wien 1976, S. 61) – Zur politischen Diskussion des Dramas vor dem Hintergrund der Idee des „Gesellschaftsvertrags" siehe auch Jaimey Fisher: Familial Politics and Political Families: Consent, Critique, and the Fraternal Social Contract in Schiller's *Die Räuber*. In: Goethe Yearbook XIII (2005), S. 75–103.

erzwingen zu können. Beide Brüder verlassen die patriarchalische Ordnung, gegen die sie aufbegehren, letztlich nicht. Auch Karl Moor erkennt mit seiner Selbstopferung am Ende die bestehende Ordnung und das Gewaltmonopol der Obrigkeit an und unterwirft sich der Justiz, was an Diderots moralisches Prinzip des „sacrifice de soi-meme" (1762)[27] anschließt und auf Kleists Figur Michael Kohlhaas (1808/1810) vorausweist. Der Bruch mit der Vaterwelt findet in Schillers Tragödie nicht statt.

Als Dramenautor setzt Schiller auf die von Lessing geforderten gemischten Charaktere und präsentiert auch Karl Moor nicht nur als strahlenden, tugendhaften Held, sondern auch als zweifelndes und in Schuld verstricktes Subjekt. Dass es Schiller mit dem Drama genau um diese Spannung geht, wird an seiner Selbstbesprechung der *Räuber* deutlich:

> [Ich] kann [...] die Tugend selbst in keinem triumphierendern Glanze zeigen, als wenn ich sie in die Intrigen des Lasters verwickle, und ihre Strahlen durch diesen Schatten erhebe, denn es findet sich nichts Interessanteres in der moralisch ästhetischen Natur, als wenn Tugend und Laster aneinander sich reiben.[28]

Schiller benutzt den Gegensatz von Tugend und Laster in den *Räubern* für die bühnendramatische Inszenierung des Konflikts.

27 Diderot, der die Idee des Selbstopfers auf die vornehmlich weiblichen Figuren Richardsons bezieht, schreibt in seiner *Éloge de Richardson* (1762): „Qu'est-ce que la vertu? C'est, sous quelque face qu'on la considère, un sacrifice de soi-même." (Denis Diderot: Éloge de Richardson. In: Ders., Œuvres Esthétiques. Hg. von Paul Vernière, Paris 1965, S. 33) – Wolfgang Düsing kommentiert die Selbstopferung Karl Moors ironisch: „Zur Beruhigung des Zuschauers wandelt sich Karl Moor in den letzten Szenen. [...] Er sühnt seine Schuld, indem er sich der Justiz stellt. Schiller beruhigt sein Gewissen und das der Zuschauer, indem er seinen Helden, an dessen Händen Blut klebt, opfert. Der Autor büßt für das etwas fragwürdige Vergnügen, das ihm der Aufstand des großen Individuums gegen das Zeitalter bereitete [...]." (Wolfgang Düsing: Scheiternde Revolutionäre in Schillers Jugenddramen. In: Hans Feger (Hg.): Friedrich Schiller. Die Realität des Idealisten, Heidelberg 2006, S. 61–87, hier S. 67).

28 Friedrich Schiller: [Selbstbesprechung im Wirtembergischen Repertorium]. Die Räuber. Ein Schauspiel von Friedrich Schiller. 1782. In: Gedichte. Dramen I. Hg. von Albert Meier. Sämtliche Werke in 5 Bänden. Hg. von Peter-André Alt, Albert Meier und Wolfgang Riedel, Band I, München/Wien 2004, S. 622.

Die Tatsache, dass die Konstellation des Dramas keine eindeutige Antwort auf die Frage zulässt, wer als tugendhaft und wer als lasterhaft zu gelten hat, zeugt davon, dass Schiller zum Zeitpunkt der Entstehung noch auf der Suche nach der eigenen Position ist. Zugleich macht diese ästhetisch-ethische Ambivalenz den Reiz des Stücks aus und trägt somit nicht unwesentlich dazu bei, dass es sich bis heute auf den Spielplänen der Theater findet.

Gert Sautermeister

Rebellion und Narzißmus in Goethes „Werther"

Die folgende Textanalyse[1] orientiert sich an zentralen Phasen des Schicksals, das Werther zubestimmt ist, sie versucht aber auch verallgemeinernde Ausblicke auf die Epoche des Sturm und Drang.[2] An der Gestalt Werthers interessiert mich der Prozeß, den sie durchläuft von ihrer ursprünglichen Vielseitigkeit zu einer verstörenden Vereinfachung – ein Schrumpfungsprozeß, den die Literaturwissenschaft allenfalls sporadisch zu erhellen liebt. Bei diesem Interpretationsgang drängt sich die eindringliche Psychologie Goethes in den Blick, die Werthers Leidenschaft subtil ergründet. Goethe schafft aber auch mit Lotte eine Kontrastfigur zu Werther, die selten in das Blickfeld der Textinterpreten zu geraten pflegt.

Mein Interesse gilt ferner der Erzählweise des Romans, seiner kritisch aufklärenden Perspektive wie auch seiner innovativen Ästhetik, in der ich Grundzüge einer Jugend-Ästhetik aufzuzeigen suche, und zwar im Zusammenhang mit den ersten Phasen der Werther-Rezeption. Es folgen einige didaktische Überlegungen, die von der Überlebenskraft von Goethes epochalem Roman ihren Ausgang nehmen.

1 Die Analyse greift einige Thesen eines früheren Aufsatzes auf. Vgl. Gert Sautermeister: Vom Werther zum Wanderer zwischen beiden Welten. Über die metaphysische Obdachlosigkeit bürgerlicher Jugend. In: „Mit uns zieht die neue Zeit". Der Mythos Jugend. Hrsg. von Thomas Koebner, Rolf-Peter Janz und Frank Trommler. Frankfurt a. M. (edition suhrkamp) 1985. S. 438–478.

2 Vgl. dazu Matthias Luserke: Sturm und Drang: Autoren, Texte, Themen. Stuttgart 1997. Siehe darin auch das instruktive Kap. über Goethes „Werther", besonders über die Thematik Leidenschaft und Leiden.

1.

Ich will zunächst das einseitige und pauschale Bild ergänzen und differenzieren, das Literaturgeschichten gerne von der Gestalt Werthers überliefern. Ehe die leidenschaftliche und fordernde Liebe zu Lotte von Werther Besitz ergreift, lernen wir einen Charakter von erstaunlicher Komplexität und Spannungsvielfalt kennen. Da betritt ein junger Mann die Szene, der sich immer wieder auf die Sprache des Herzens beruft und seinen Brieffreund Wilhelm daran erinnert, wie „oft" er „vom Kummer zur Ausschweifung und von süßer Melancholie zur verderblichen Leidenschaft" wechsle.[3] Diesen Virtuosen des „Herzens", dem die Klaviatur der Empfindsamkeit wohlvertraut ist, erwähnt die Literaturgeschichte mit gutem Grund. Aber eine Binnendifferenzierung enthält sie uns gewöhnlich vor: die nämlich, daß Werther sein Herz, das, wie er sagt, „genug aus sich selbst braust", auch „mein Herzchen" nennt, welches er „wie ein krankes Kind" halte: „all sein Wille wird ihm gestattet" (S. 10). Da klingt eine selbstverliebte, etwas kindliche Empfindsamkeit durch, die im Verlauf der Handlung von sich reden machen wird. Ein Gegenpol dazu ist Werthers umfassende und die Natur durchdringende Gefühlskraft. Sie ist imstande, die göttliche Fülle der Erscheinungen, vom kleinsten Lebewesen bis zum vielfältigen Sonnenlicht, intensiv zu erleben. So wird dieser junge Mann zu einem der ersten Pantheisten der deutschen Literatur, dessen Ich in der Natur die Unendlichkeit Gottes erspürt und die „Gegenwart des Allmächtigen", so seine Worte, in der eigenen „Seele" wie in einem „Spiegel" auffängt (S. 9). Werther ist wahrhaftig ein Genie des Herzens.

Über den Herzensergießungen Werthers hat man vielerorts vergessen, daß er ein nachdenklicher, reflektierender Charakter ist, der in allgemeinen Betrachtungen sich ergeht und den Sinn des Lebens zu enträtseln sucht. „Sturm und Drang", das ist nicht nur Gefühlsunmittelbarkeit, wie man anzunehmen pflegt, ist auch geistige Beweglichkeit, intellektuelle Neugier, philosophi-

3 Johann Wolfgang von Goethe: Die Leiden des jungen Werthers. Nach der ersten Fassung von 1774 hrsg. v. Hans-Wolf Jäger. München 1979 [Goldmann Klassiker]. S. 10. Im Folgenden werden die Seitenzahlen im Fließtext (in Klammern) angegeben.

sches Problembewußtsein. Man sollte die Sturm-und-Drang-Epoche nicht einfach im Gegensatz zur Aufklärung sehen, vielmehr ihre aufklärerischen Impulse aufspüren.[4] Werther macht sich Standesgegensätze bewußt (S. 11), er wendet sich gegen die „Einschränkung“ der „forschenden Kräfte des Menschen“ im Zuge der materiellen Bedürfnisbefriedigung (S. 13), er hinterfragt die sozialen und ideologischen „Regeln“ der „bürgerlichen Gesellschaft“ und opponiert ihnen durch die Idee der Natur – und er handelt von dieser Idee nicht nur abstrakt, sondern entwickelt sie am Beispiel der Kinder und einer kindgemäßen Erziehung. Der seine Erlebnisse und Empfindungen bedenkende Werther ist von einer Reflexionskraft, die seinem Herzenskult einige Zeit lang die Waage hält. Es handelt sich um eine temperamentvolle und zugleich soziale Reflexionskraft, die an Psychologie und Menschenkunde interessiert ist, und sich mit Vorliebe im Dialog erprobt (vgl. 32 ff.).

Der hier skizzierte Widerspruch zwischen Werthers kindlich-selbstverliebtem Herzenskult und der Genialität des Herzens ist nicht sein einziger. Widersprüchlichkeit ist auch Werthers Haltung zur Umwelt. Da ist einmal sein Spott über den Kleinbürger, der dem „Strom des Genies“ ängstlich ausweicht, um seine „Gartenhäuschen, Tulpenbeete und Krautfelder“ zu versorgen (S. 16). Und da ist, konträr dazu, Werthers Lob derselben kleinbürgerlichen Enge, wenn er die „simple, harmlose Wonne“ des Menschen preist, der „ein Krauthaupt auf den Tisch bringt“ und verzehrt, das er selbst gepflanzt hat (S. 29). Werthers Neigung zu idyllischen Verklärungen des stillen Winkels und der „Wonnen der Gewöhnlichkeit“ (um eine Wendung Tonio Krögers zu zitieren) ist ebenso auffällig wie seine Begeisterung für das regelverletzende Genie, das nur der Natur gemäß handelt und „in hohen Fluten hereinbraust“, wie er sagt (S. 16), um die gewohnte bürgerliche Ordnung zu erschüttern. Ein dritter Widerspruch läßt sich in den frühen Phasen des Romangeschehens beobachten. Als Werther zum ersten Mal Lotte begegnet, geschieht das in der berühmten Szene, da sie ihren jüngeren Geschwistern mit mütterlicher Sorgfalt Brot austeilt. Ihre Fürsorglichkeit und ihre lebenserhaltende Kraft üben hier und im weiteren Handlungsverlauf eine unver-

4 Vgl. den Beitrag von Matthias Luserke-Jaqui im vorliegenden Band.

kennbare Anziehung auf Werther aus. Umso erstaunlicher ist es, daß er – im auffälligen Kontrast dazu – gleich anfangs das Leben mit einem „Kerker" assoziiert, den zu verlassen ein „süßes Gefühl von Freiheit" gewähre (S. 14). Der Freitod ist eine Assoziation Werthers, die eng verschwistert ist mit seiner Neigung zu leidenschaftlicher Hingabe und Selbstpreisgabe.

Nun, Widersprüche sind charakteristisch für das Jugendalter. Sie sind das Zeichen einer noch ungefestigten Identität, die im Fluß begriffen ist. Und diese wandlungsreiche, unfertige Identität des Jugendlichen wird erst seit der Empfindsamkeit und dem Sturm und Drang angemessen begriffen und bejaht. Bis an die Schwelle dieser Epoche, also im Zeitalter der frühen und mittleren Aufklärung, war Jugend ja noch kein selbständiges Lebensalter von eigenem Wert und mit eigenen Gesetzen. Jugend war vielmehr nur ein Übergangsalter von der Kindheit zum Erwachsensein. Erst die Dichtung Klopstocks und die empfindsame Lyrik eines Hagedorn intonieren das Jugendalter als eine Lebenszeit sui generis. Der Sturm und Drang greift dieses Präludium auf und führt es energisch fort. Von Werther bis hin zu Schillers Karl Moor entstehen jugendliche Charaktere mit eigenen, unverwechselbaren Konturen.

Wir sollten diese Jugendgestalten allerdings nicht nur im Zeichen der Unmittelbarkeit und Spontaneität sehen. Das sind Begriffe, die der Literaturgeschichte leicht in die Feder fließen und die wir im übrigen selber zur Kennzeichnung des Jugendalters verwenden. In Wahrheit ist Werther in vieler Hinsicht eine literarisierte, durch literarische Einflüsse vorgeprägte Gestalt. Was an ihr so unmittelbar und spontan erscheint, ist auffallend oft durch Lektüre beeinflußt, etwa durch die Homer- und Bibel-Lektüre. Wenn Werther Aufhebens macht um einen selbstgezogenen Krautkopf und diesen in eine Idylle einspinnt, so spiegelt er darin die „Züge patriarchalischen Lebens" im Geiste Homers (S. 29). Die „patriarchalische Idee" lebt ferner in ihm auf, wenn er vor einem Dorfbrunnen haltmacht, wo die Dorfmädchen Wasser schöpfen, und er, Werther, sogleich an die „Altväter" in der Bibel denkt, die am Brunnen „Bekanntschaft mach[t]en" und dort junge Frauen zu „freien" pflegten (S. 10). Das sind höchst eigenwillige poetische Assoziationen, von denen Werther nicht ohne Selbstlob sagen darf, daß „die warme, himmlische Phantasie in meinem Herzen" es sei, „die mir alles ringsumher so paradiesisch macht“. Kulturelles Wissen beeinflußt Werthers Erleben und Handeln immer wieder. Seine Vorliebe für Natur und Genie und – parallel dazu – seine Geringschätzung des traditionellen ästhetischen Regelwerks sind angeregt durch die Lektüre Shakespeares, der den Stürmern und Drängern als Musterbeispiel für kreatives künstlerisches Schaffen erschien, unabhängig von vorgegebenen Regeln. Auch Werthers Umgang mit Kindern, der uns so spontan und unkonventionell anmutet, ist durch Literatur und kulturelles Klima beeinflußt. Wenn er seinem Brieffreund bekennt: „Ja, lieber Wilhelm, meinem Herzen sind die Kinder am nächsten auf der Erde“ (S. 30), wenn er sie „unverdorben“ nennt und sie uns, den Erwachsenen, als Vorbilder empfiehlt, nicht etwa als unsere Zöglinge oder „Untertanen“ (ebd.), so verherrlicht er die Kinder als reine Natur nach der Art Jean Jacques Rousseaus. Rousseaus Erziehungsroman „Emile“ von 1762 hatte die Achtung vor der kindlichen Eigenart in den Mittelpunkt seiner Betrachtungen gerückt und so auch die Kindheit als ein eigenständiges Lebensalter gewürdigt. Werther erweist sich als gelehriger, ja einfallsreicher Schüler Rousseaus, wenn er der rhetorischen Wertschätzung der Kinder die Tat folgen läßt und sich mit ihnen auf dem Boden balgt, gar noch vor den Augen des gestrengen Stadtarztes. So liefert er ein reizend-provokatives Beispiel unkonventionellen Handelns, begeht er einen sympathischen gesellschaftlichen Normverstoß.

Selbst die Liebesbeziehung Werthers wird von literarischen und kulturellen Mustern mitgeprägt. Das müßte uns aufhorchen lassen. Man pflegt ja das Liebesgefühl für den spontansten und persönlichsten Ausdruck des Menschen zu halten; in der Liebe, so nimmt man an, verleiht er seinen individuellen Neigungen die intimste Form. Das ist partiell auch wahr – aber doch nur partiell. Werthers entstehende Neigung für Lotte verrät Einflüsse zeitgenössischer Moden und Tendenzen. Nicht zufällig frappieren ihn bei der ersten Begegnung mit Lotte ihre mütterlichen Gebärden im engsten Kreis ihrer jüngeren Geschwister. Werthers Rousseauismus, seine Vorliebe für Kinder, findet hier ein sinnlich-optisches Zeugnis – und die eine Kinderschar zärtlich betreuende Lotte gewinnt sogleich Attraktivität für ihn. Bei der gemeinsamen Fahrt mit ihr zur Tanzveranstaltung fesselt ihn die literarische Bildung Lottens. Ihre Lektüre-Eindrücke von zeitgenössischen Romanen lassen, so erlebt es Werther, „mit jedem Wort [...] neue

Strahlen des Geistes aus ihren Gesichtszügen hervorbrechen“ (S. 22). Die belesene junge Frau erregt das Interesse des literarisch gebildeten jungen Mannes. Die entscheidende Initialzündung erhält seine Zuneigung jedoch durch die berühmte Klopstock-Szene. Nach einem Unwetter mit Blitzen und Donnerschlägen bietet sich die Landschaft dem Auge wie in Klopstocks Gedicht „Die Frühlingsfeier“ dar:

> Ach, schon rauscht, schon rauscht
> Himmel und Erde vom gnädigen Regen!
> Nun ist – wie dürstete sie – die Erd erquickt
> Und der Himmel der Segensfüll’ entlastet!
>
> (Klopstock, „Die Frühlingsfeier“)

Angesichts des erquickenden Regens und des „Wohlgeruchs“ aus der Erde nennt Lotte schwärmerisch den Namen Klopstock. „Ich versank“, erzählt Werther, „in dem Strome von Empfindungen, den sie in dieser Losung über mich ausgoß. Ich ertrug’s nicht, neigte mich auf ihre Hand und küßte sie unter den wonnevollsten Tränen“ (S. 27). – Unter dem magischen Klang eines Namens schlagen zwei Herzen im gleichen Rhythmus. Klopstock war damals der von einer jungen Generation verehrte und gefeierte Dichter. Indem Lotte seinen Namen ausspricht, nennt sie den literarischen Schirmherrn dieser Generation, löst sie erneut den „Strom von Empfindungen“ und „Tränen“ aus, die Klopstock bei seinen Verehrern seit Jahren hervorruft. Sein Name gleicht einer „Losung“, er steht für die Empfindsamkeit der jungen Menschen seiner Zeit, in ihm kristallisieren sie ihre Wünsche und Sehnsüchte, ihr Erlebnis der Natur und ihre Emotionalität. In der vorliegenden Szene ist der Gefühlsausbruch literarisch inspiriert, wird das Einverständnis der Seelen medial vermittelt. Goethe führt uns erstmals die Macht eines kulturellen Mediums über unser Innenleben vor Augen. Wir fühlen und empfinden subjektiv unterschiedlich, aber unsere Subjektivität wird mitgeprägt durch mediale Vorgaben. Den Einfluß, den in Werthers Epoche ein Shakespeare oder ein Klopstock auf die junge Generation hatte, haben 200 Jahre später die Beatles oder die Rolling Stones und andere Kultfiguren ausgeübt.

Werthers literarische und kulturhistorische Bildung beschwingt, wie wir bemerken, seine Gefühlskraft und seine Phantasie, zwei zentrale Seiten seines Charakters. Die ihnen komplementäre Seite ist der Wunsch zu handeln und „alle Kräfte“ zu entfalten, die, wie er schreibt, „in mir ruhen“ und „nicht ungenutzt vermodern“ (S. 12) dürfen. Die schöpferische Darstellung „lebendiger Kraft“ anstelle „träumender Resignation“ (S. 13) – auch darauf richtet sich Werthers Sehnsucht.

2.

Ich halte hier inne mit meiner Charakteristik Werthers zu Beginn des Romans. Goethe entwirft eine komplexe, vielversprechende und zugleich gefährdete Gestalt, durchzogen von einer Fülle innerer Spannungen, schillernd in ihrer jugendlichen Identität, zur Unbedingtheit neigend, empfänglich für Kultur und Literatur und davon vielfach beeinflußt: so stellt sich uns der Protagonist dar, als seine Liebe zu Lotte entsteht.

Mit dem Porträt Werthers schafft Goethe eine Exposition für die nachfolgende Handlung, die Werthers Liebe auf den Prüfstand stellt. Welche seiner Charakterzüge wird der Handlungsverlauf herausfordern und hervorkehren, welche zum Verstummen bringen? Der Protagonist muß Farbe bekennen.

Goethe ersinnt dafür eine konfliktträchtige Situation. Da ist auf der einen Seite Werthers ungestüm wachsende Verliebtheit:

> „Ich werde sie sehen“, ruf ich morgens aus, wenn ich [...] mit aller Heiterkeit der schönen Sonne entgegen blicke. „Ich werde sie sehen!“ [...] Alles, alles verschlingt sich in dieser Aussicht. (40)
> „Noch nie war ich glücklicher, noch nie meine Empfindung an der Natur [...] voller und inniger“. (S. 41)

Auf der anderen Seite erfolgt eine empfindliche Infragestellung dieses Glücks und Werthers um sich greifender Leidenschaft. Lottes Verlobter Albert betritt die Szene, und Werther ist redlich genug, diesem sympathischen Mann seine „Achtung nicht [zu] versagen“ (S. 42). Mit feinster Ironie, als wäre er ein Altmeister der Erzählkunst und Handlungsführung, errichtet der junge Goethe nun ein Dreiecksverhältnis der verfänglichsten Art. Denn Albert schätzt Werther „mit herzlicher Freundschaft“, er sieht in ihm vorerst beileibe keinen Störenfried und Rivalen, nein, Werther ist für ihn „nach Lotten das Liebste auf der Welt“ (S. 44). Kann Werther im Ernst einen so großzügigen und wohlwollenden Menschen je hintergehen? Kann er es, nachdem Albert ihm erzählt hat, daß die Mutter Lottens „auf ihrem Totenbette“ ihm, dem Verlobten, ihre Tochter „anbefohlen“ (S. 45), also gleichsam zu ihrem Lebensgefährten erkoren habe? Müßte da Werther nicht augenblicklich sein Liebeswerben einstellen? Goethe treibt seine Ironie noch einen brisanten Schritt weiter. Er läßt Albert in aller Offenheit berichten, daß die sterbende Mutter der ältesten Tochter „ihre Kinder übergeben“, also sie zu ihrer Stellvertreterin berufen habe und daß Lotte seither „eine wahre Mutter“ voll „tätiger Liebe“ und „Arbeit“ geworden sei (S. 45). Das macht Lotte in Werthers Augen ausgesprochen begehrenswert, hat ihn doch der mütterliche Zug in Lottes Handeln von Anfang an bezaubert, aber zugleich darf er die künftige Gattin Alberts, die schon Mutterpflichten erfüllt, noch weniger als zuvor begehren. Man begehrt eine Frau nicht, die sich einem anderen Mann bereits als künftige Gattin und Mutter empfohlen hat und diese Rollen zu erfüllen wünscht. Im Grunde müßte Werther die junge Frau als die schlechthin Unverführbare achten. Je begehrenswerter sie in Werthers Sinnen und Trachten wird, desto weniger dürfte seine Moral sie begehren. Eine hoch dramatische, von Goethes Erzähler-Ironie virtuos ausgeschöpfte Situation! „Sie ist mir heilig“, schreibt Werther und betont Lottes „Unschuld“. „Alle Begier schweigt in ihrer Gegenwart.“ (S. 39). Doch „eine geheime Kraft zieht“ ihn unwiderstehlich zu ihr hin, bis „der himmlische Atem ihres Mundes“ an seine Lippen rührt (S. 39).

Wie findet sich Werther in seinem Zwiespalt zurecht? Könnte er nicht seine Leidenschaft für Lotte sublimieren, sie umwandeln in eine rein platonische Liebe und so „in Glied der liebenswürdigen Familie“ werden, in der er verkehrt, von allen, Lotte, ihrem Vater, Albert und den Kindern wohlgelitten? (S. 44) Seine Vernunft rät Werther zu dieser Umwandlung seiner leidenschaftlichen Liebe: „Ich könnte“, schreibt er, „das beste, glücklichste Leben führen, wenn ich nicht ein Tor wäre.“ (S. 44) Und doch, aller Einsicht zum Trotz, vermag Werther dem Rat der Vernunft und dem Wink des Glücks nicht zu folgen. Warum nicht? Eine Erklärung gibt sein folgendes Bekenntnis: „Ich habe kein Gebet mehr als an sie, meiner Einbildungskraft erscheint keine andere Gestalt als die ihrige, und alles in der Welt um mich her sehe ich nur im Verhältnis mit ihr.“ (S. 56) – In diesem Bekenntnis ist beinah musterhaft das Wesen der absoluten Liebe zusammengefaßt. Sie setzt sich an die Stelle der Gottesliebe und wendet sich, statt an Gott, an die Geliebte; die Einbildungskraft umspinnt und umwirbt unentwegt die geliebte Person, und erfaßt die ganze Welt nurmehr im Hinblick auf sie. Werther spricht hier schon den Grundzug der sogenannten „romantischen Liebe“ aus; er nimmt sie um zwei Jahrzehnte vorweg. Solche geistesgeschichtlichen Vorwegnahmen gehören zu den Kühnheiten dieses Jugendromans.

Goethes antizipatorische Züge besitzen gleichzeitig psychologische Tiefe. Warum erscheint der „Einbildungskraft“ Werthers „keine andere Gestalt“ als diejenige Lottes? Warum richtet sich sein „Gebet“ nur noch an sie? Man darf wohl mit einem Begriff der modernen Psychoanalyse antworten: weil Lotte das „Ichideal“ Werthers verkörpert. Nicht nur ihre mütterlichen Züge fesseln ihn, auch ihre ästhetische Erscheinung schlägt ihn in Bann, etwa beim Tanz, wo Lotte dem jungen Mann als schwebende „Harmonie“ aus „Herz“ und „Seele“ und „Körper“, als das Musterbild der „unbefangenen“ Grazie erscheint (S. 23). Lotte ist Werthers Ichideal in ihrer gesamten Existenz, im Kreis ihrer jüngeren Geschwister, denen sie mit fürsorglicher Liebe zugetan ist, im nachbarschaftlichen Umfeld von Kranken und älteren Menschen, wo sie nach Werthers Beobachtung „Schmerzen lindert und Glückliche macht“ (S. 35). Ein „holdes Geschöpf“ (S. 35), ja „einen Engel“ nennt Werther sie (S. 39), und seine zusammenfassende Charakteristik steht diesem Preislied nicht nach: „So viel Einfalt bei so viel Verstand, so viel Güte bei so viel Festigkeit, und die Ruhe der Seele bei dem wahren Leben und der Tätigkeit.“ (S. 18)

Es sind ausgesprochen erwachsene Haltungen, die Werther an der jungen Frau rühmt: „Festigkeit“ und „Güte“, „Ruhe der Seele“ inmitten von „Tätigkeit“. Erneut wird erkennbar, daß Lotte für ihn – neben allem ästhetischen Liebreiz und aller literarischen Aufgeschlossenheit – die faszinierenden Züge einer Mutter-Imago besitzt. So erblickt er denn in ihr das „wahre Leben“, gewissermaßen das Konzentrat seines Ichideals. Goethe, feinfühliger Psychologe, hat in Werthers früheres Leben eine erwachsene Frau gestellt, die er die „Freundin meiner hülflosen Jugend“ nennt. Kein Wunder also, wenn Werther für die mütterlichen

Züge Lottes doppelt empfänglich ist. Seine Fixierung auf das Mutterbild verrät ein noch unfertiges, tastendes und suchendes Jugendalter. Sie zeigt aber auch das Bedürfnis nach Festigung und Reifung an. Denn Werther ist insbesondere für die tätige Seite Lottes aufgeschlossen. Sie entspricht dem von ihm zu Beginn ausgesprochenen Wunsch, daß er seine „Kräfte […] nicht ungenutzt vermodern" lassen dürfe.

Just in diese Gefahr hat sich Werther jetzt hineinmanövriert, geblendet von der Magie seiner unseligen Leidenschaft. Mit unbestechlicher Schärfe spricht Werther seine Verirrung aus:

> Es ist ein Unglück, Wilhelm! all meine Kräfte sind zu einer unruhigen Lässigkeit verstimmt […]. Ich habe keine Vorstellungskraft, kein Gefühl an der Natur, und die Bücher speien mich alle an. Wenn wir uns selbst fehlen, fehlt uns doch alles. […] Ich weiß nicht, was ich soll – […]. Was soll all diese tobende, endlose Leidenschaft? (S. 54 f., S. 56)

Werther hat sich von seinem eigenen Ichideal, der tätigen Verwirklichung seiner Kräfte, bis zur Selbstentfremdung und Selbstverfehlung entfernt: „Wenn wir uns selbst fehlen, fehlt uns doch alles." (S. 54) Diese Selbstverfehlung ist das Gegenteil zum Sturm-und-Drang-Ideal der Selbstverwirklichung – sie ist bedingt durch die ablehnende Haltung Lottes in erotischer Hinsicht. Die junge Frau entzieht sich dem Begehren Werthers konsequent, was er als tiefe Kränkung erlebt. Goethe erfindet Szenen von expressiver Intensität, in denen sein Held, um seinem Leiden an unerwiderter Liebe zu entrinnen, in ein wildes Umherschweifen flüchtet, bis zur physischen Erschöpfung dorthin flüchtet, begierig, den Stachel der Leidenschaft zu ersetzen durch den Stachel von Dornen und scharfem Gestrüpp:

> Und schweife dann weit im Felde umher. Einen gähen Berg zu klettern, ist dann meine Freude, durch einen unwegsamen Wald einen Pfad durchzuarbeiten, durch die Hecken, die mich verletzen, durch die Dornen, die mich zerreißen! […] Und wenn ich für Müdigkeit und Durst manchmal unterwegs liegenbleibe, manchmal in der tiefen Nacht, wenn der hohe Vollmond über mir steht, im einsamen Walde auf einen krummgewachsenen Baum mich setze, um meinen verwundeten Sohlen nur einige Linderung zu verschaffen, und dann

> in einer ermattenden Ruhe in dem Dämmerscheine hinschlummre! O Wilhelm! [...] Ich seh all dieses Elends kein Ende als das Grab. (S. 56)

Goethes Briefroman ist auch ein Drama der Selbstverzweiflung. Ein Drama, das die Natur zur Mitspielerin eines Labyrinths der Seele und einer Zerrüttung des Körpers macht. Der Schatten des Todes begleitet diesen Vorgang, wie das Zitat verrät. Die Idee des Freitods klingt ja bei Werther früh an, schon zu Beginn des Romans, wie wir bemerkt haben. In einem Gespräch mit Albert verteidigt Werther diese Idee wenig später eloquent und illustriert sie an der Geschichte jenes Mädchens, das aus unerwiderter Liebe keinen anderen Ausweg als den des Selbstmords findet. „Krankheit zum Tode“ nennt Werther diesen Prozeß. Der suggestive Begriff findet sich demnach nicht erst bei dem dänischen Philosophen Kierkegaard, wie man gemeinhin annimmt. „Krankheit zum Tode“ bezeichnet präzise die existentielle Erschütterung Werthers, die das vorstehende Zitat mit der Vision des Grabes aufzeigt. An dieser Stelle findet Werther jedoch die Kraft, der Todeskrankheit zu entrinnen. Er reißt sich von Lotte los und zieht in die Welt des Hofes. Damit setzt der 2. Teil der Romanhandlung ein.

3.

Dieser zweite Teil eröffnet Werther die Möglichkeit, „Kräfte“ und Talente zu erproben, die er nicht „ungenutzt vermodern“ lassen will, wie er anfangs versicherte. Aber der fürstliche Hof, an dem er eine Stelle erhält, offenbar als Gesandtschaftssekretär, weist ihn sogleich in die Schranken. Sein Vorgesetzter gestattet ihm keine eigenen Initiativen, setzt ihn vielmehr peniblen Vorschriften aus. Und das Leben in der Ständegesellschaft mit seiner „Langeweile“ und seiner „Rangsucht“ (S. 65) mißfällt seinem freiheitlichen, unkonventionellen Geist: „Was das für Menschen sind, deren ganze Seele auf dem Zeremoniell ruht, deren Dichten und Trachten jahrelang dahin geht, wie sie um einen Stuhl weiter hinauf bei Tische sich einschieben wollen.“ (S. 66) Die in eine rigorose Ständehierarchie eingezwängten Menschen, die einander nur als Masken, als Träger von Ämtern und Titeln, als Marionetten des Prestiges wahrnehmen – diese komplett verdinglichte Gesellschaft verstört Werther zutiefst. Der Anwalt des Herzens kann die Verstellung des Herzens durch das höfische Zeremoniell nicht ertragen, der Anwalt der Individualität muß die Maskerade der Person durch Titel und Ämter verwerfen. Er durchleidet die Inhumanität von Verhältnissen, die einzig und allein den Stand des Menschen zum Gradmesser seiner Wertschätzung machen. Werthers Sensibilität für natürliche Verkehrsformen wird zum Resonanzboden seiner Ständekritik. Als er einmal in einen Gesellschaftsabend der höheren Stände gerät, hört man als Leser förmlich das entrüstete Geflüster der Leute, sieht man ihr erbostes Kopfschütteln über den Eindringling, erlebt man ihre aufgeblasene Arroganz gegenüber diesem nichtswürdigen Subjekt. Selbst eine junge Adlige von freier Gesinnung, die ihm sonst von Herzen zugetan ist, sieht sich gezwungen, Distanz zu ihm zu wahren. Die Kränkung, die Werther erleidet, geht „wie Schwerter durchs Herz", schreibt er (S. 72). Der Vorfall wird rasch weitererzählt, und Werther sieht sich einer Phalanx schadenfroher „Neider" ausgesetzt (S. 71), die seine Eigenart und vermeintliche Originalität seit je nicht mögen. Werther rebelliert in Gedanken und im Herzen gegen die herrschende Sozialordnung. Weil er jedoch diese innere Rebellion nicht aggressiv nach außen kehren kann, wendet er sie als Auto-Aggression gegen sich selbst. Goethe demonstriert an Werthers Beispiel die – ich zitiere – „fatalen bürgerlichen Verhältnisse", die dem Helden erneut den Sprung in die Freiheit, die Freiheit zum Selbstmord, nahelegen. Diese Versuchung beruht auf realen Erfahrungen Goethes während seiner Wetzlarer Zeit. In „Dichtung und Wahrheit" lesen wir:

> [...] von unbefriedigten Leidenschaften gepeinigt, von außen zu bedeutenden Handlungen keineswegs angeregt, in der einzigen Aussicht, uns in einem schleppenden, geistlosen bürgerlichen Leben hinhalten zu müssen, befreundete man sich in unmutigem Übermut mit dem Gedanken, das Leben, wenn es einem nicht mehr anstehe, verlassen zu können. (13. Buch)

Werthers beruflich-gesellschaftliche Leiden haben demnach dokumentarischen Charakter. Dennoch läßt Goethe offen, ob Werther die Fatalität der Ständegesellschaft nicht von sich aus hätte entgiften und abmildern können. Ein ihm wohlwollender Minister, berichtet Werther, habe ihm geschrieben, daß „er meine allzu große Empfindsamkeit [...], meine überspannte Ideen“ eines „Einflusses auf andre [...] als jugendlichen guten Mut zwar ehrt“, sie jedoch „zu mildern und dahin zu leiten sucht, wo sie ihr wahres Spiel haben, ihre kräftige Würkung tun können.“ (S. 68) Auf diesen wohlwollenden väterlichen Rat hin sei er, bekennt Werther, „auf acht Tage gestärkt und in mir selbst einige geworden“; er habe die „Ruhe der Seele“, „ein herrlich Ding“, gefunden und „Freude an sich selbst“ erlebt.

Das Bekenntnis wiegt viel. Es läßt darauf schließen, daß dieser Stürmer und Dränger für einen überlegten Rat empfänglich war, ja, daß er seiner bedurfte. Werther zieht es jedoch vor, den Dienst bei Hofe zu quittieren. Die versteinerte Ständegesellschaft war kein geeignetes Medium für eine tätige Selbstverwirklichung Werthers. Und umgekehrt waren Werthers unbedingte Ansprüche zu kompromißlos für diese Gesellschaft. Das ist die unauflösliche Antinomie, die Goethe hier hervortreten läßt.

Tragisch ist diese Antinomie insofern, als Werther, so urteilt der Erzähler, durch das Erlebnis bei Hofe

> seine Ehre [...] unwiederbringlich gekränkt hielt und daß ihm dieser Vorfall eine Abneigung gegen alle Geschäfte und politische Wirksamkeit gegeben hatte. Daher überließ er sich ganz der wunderbaren Empfind- und Denkensart, die wir aus seinen Briefen kennen, und einer endlosen Leidenschaft, worüber noch endlich alles, was tätige Kraft in ihm war, verlöschen mußte. (S. 95)

Man kann die Kritik in diesem Erzählerkommentar kaum überhören – die Kritik an Werthers narzißtischer Passivität. Werther fällt jenem Zustand anheim, den er zu Beginn des Romans einmal angesprochen hat. Er halte von Zeit zu Zeit sein „Herzchen“ „wie ein krankes Kind“ hieß es da, „all sein Wille wird ihm gestattet“. (S. 10) Eben diese pathologische Kindlichkeit ergreift jetzt von ihm Besitz. Er nährt von neuem seine „endlose Leidenschaft“ und kehrt zu Lotte zurück, ausgerechnet zu ihr (S. 77). Sie hat sich inzwischen mit Albert vermählt und damit ein entschiedenes Zeichen gesetzt, ja, eine Lebensentscheidung getroffen. Doch das ficht Werther nicht an. Im Gegenteil, er überläßt sich erneut seinem narzißtischen Begehren und deklariert ungerührt:

„ich lache über mein eigen Herz – und tu ihm seinen Willen." (S. 77) Und was gaukelt ihm dieses Herz an Phantasien vor? Erstens, daß Lotte **seine** Frau sein sollte. Zweitens, daß Lotte mit **ihm** „glücklicher" wäre als mit Albert. „O", phantasiert Werther, „Albert ist nicht der Mensch, die Wünsche [ihres] Herzens zu erfüllen." (S. 77)

Was für eine egozentrische Unbescheidenheit! Da ist es nur konsequent, wenn Werther dem hinwegphantasierten Ehemann den Tod an den Hals wünscht: „wie, wenn Albert stürbe!" (S. 78). Gefangen in seinem Narzißmus, erhebt Werther einen Besitzanspruch, dessen Absolutheit aufhorchen läßt: „Ich begreife manchmal nicht, wie sie ein anderer liebhaben kann, liebhaben darf, da ich sie so ganz allein, so innig, so voll liebe, nichts anders kenne noch weiß noch habe als sie." (S. 78) – Die Absolutheit des Begehrens wird zum patriarchalischen Absolutismus, der jedem anderen Mann die Liebe zu Lotte verwehrt und die Frau weder nach ihrer Neigung noch nach ihrer Wahl fragt. So nähert sich Werther, der geschworene Feind der absolutistischen Ständeordnung, hinterrücks dem Absolutismus wieder an. Goethe entfaltet mit subtiler Dialektik eine neue Stufe in Werthers leidenschaftlicher Verirrung. Der freiheitliche Geist, der vergeblich gegen die Ständehierarchie rebelliert, wird von ihrem absolutistischen **Ungeist** ereilt.

Wie äußert sich diese neue Stufe von Werthers Begehren bei seiner konkreten Wiederbegegnung mit Lotte? Wir treten mit dieser Frage in den dritten Teil der Handlung ein.

4.

Werthers auf Lotte gerichtete Besitzwünsche sind in diesem Handlungsteil mehr als zuvor mit seinem Hang zum Selbstmord verschränkt. Goethes Erzählkunst zeichnet sich darin aus, daß sie das eine mit dem anderen, das erotische Begehren mit der „Krankheit zum Tode" unauflöslich verschränkt. Eros und Thanatos – Liebes- und Todestrieb waren bis dahin in der deutschen Literatur wohl kaum so kühn ineinander geführt worden. Der Sturm und Drang zeigt bereits in seinem ersten epischen Zeugnis eine an der Wurzel versehrte jugendliche Lebenskraft. Die Auszehrung der „tätigen Kraft“ (S. 95) durch eine unstillbare, blinde, im Kreis sich drehende Passion zersetzt, so sieht es der Erzähler, den Lebenswillen und intensiviert den Todeswunsch. Dieser Wunsch läßt sich allerdings, so scheint mir, aus dem Liebesschicksal Werthers nicht allein erklären. Werther hat ihn ja davor schon, gleich zu Beginn des Romans, geäußert. Er dürfte seit etlichen Jahren in ihm angelegt sein und ist wohl das traumatische Resultat eines Todeserlebnisses, des Todes jener älteren Freundin nämlich, die, so bekennt Werther, „mein Alles war meiner hülflosen Jugend“; er fügt hinzu:

> sie starb, und ich folgte ihrer Leiche und stand an dem Grabe. [...] Ergriffen, erschüttert, geängstigt, zerrissen mein Innerstes, aber ich wußte nicht, wie mir geschah, – wie mir geschehen wird –. (S. 110 f.)

Immer wieder gibt Goethe psychologische Fingerzeige, die seinem Helden eine neue seelische Dimension verleihen und zur Enträtselung einladen.

Eine weitere Stufe auf dem Weg Werthers in die Selbstzerstörung ist – nach dem Zerfall der Handlungskraft – die der Gefühlskraft. Der junge Goethe entwickelt geradezu eine klinische Analyse fehlgeleiteter Leidenschaft. Hoffnungslos auf die Geliebte fixiert, verliert Werther das Sensorium für die übrige Welt, insbesondere für die Natur. Er, den wir anfangs kennenlernten in der „Fülle der Empfindung“ (S. 83), dessen geniales Herz „eine ganze Welt liebevoll zu umfassen“ vermochte (ebd.), er führt jetzt Klage über dieses empfindungs**schwache** Herz, aus dem, so schreibt er (S. 83), „keine Entzückungen mehr [fließen]“. „Ich leide viel, denn ich habe verloren, was meines Lebens einzige Wonne war, die heilige, belebende Kraft, in der ich Welten um mich schuf. Sie ist dahin! -“ (S. 83 f.) Statt der „Fülle des Herzens“ und der Wärme einer blühenden Phantasie – diesen ursprünglichen Vorzügen Werthers – registriert er nurmehr ein „stumpfes, kaltes Bewußtsein“ (S. 91). Werthers Schicksal im Bann der Leidenschaft ist eine unaufhaltsame Verarmung und Austrocknung seines ehemals vielseitigen Wesens.

So steht denn Werther vor der „herrlichen Natur“ „wie ein versiegter Brunn“ und die Herrlichkeit der Landschaft mutet ihn „wie ein lackiert[es] Bildchen“ an (S. 84). Anrührend ist diese Klage deshalb, weil der Verlust an Gefühls- und Sinneskraft, womit wir Welt und Natur erleben, eigentlich ein Altersphänomen ist und nur ausnahmsweise eine Erfahrung des Jugendalters darstellt. Werther vergleicht sich denn auch folgerichtig mit einem „alten Weib“ (S. 92). Ein Jüngling mit alterndem Herzen – was für eine Paradoxie! Goethe stellt dem Urbild des Sturm und Drang wahrhaftig eine düstere Diagnose.

Heute, im 21. Jahrhundert, hat diese Diagnose unversehens Aktualität gewonnen. Als „Burn-out-Syndrom“ bezeichnen wir jene emotionale Austrocknung und Erschöpfung, die der Rede Werthers vom „stumpfen, kalten Bewußtsein“ entspricht. Es ist ein Syndrom, das inzwischen auch mittlere und reife Altersstufen heimsucht.

Die Ausschließlichkeit der Liebesleidenschaft Werthers hat zur Folge, „den Frieden zwischen Alberten und seiner Frau allmählich [zu] untergraben“, wie der Erzähler mit kritischer Schärfe vermerkt (S. 93). Stufe um Stufe führt uns Goethe immer weiter in die Abgründigkeit der Passion Werthers hinein. Albert verspürt notgedrungen „einen gewissen Widerwillen gegen Werthers Aufmerksamkeiten für Lotten“, „die ihm zugleich ein Eingriff in seine Rechte [...] zu sein schienen“ (ebd.). Lotte wiederum findet in Werther, dem die frühere „Lebhaftigkeit“ fehlt, häufig einen „traurigen Gesellschafter“ vor, der „eine Art von Schwermut“ bei ihr auslöst, in der Albert jedoch, so lesen wir, „eine wachsende Leidenschaft für ihren Liebhaber zu entdecken glaubt“, während Werther die Schwermut Lottens zu seinen Gunsten als „einen tiefen Verdruß“ über ihren Mann mißdeutet (ebd.). Die „Gemüter verhetzten sich immer mehr gegeneinander“, resümiert der Erzähler knapp und bündig (S. 94). Goethe entwickelt mit feinster Psychologie ein kompliziertes Dreiecksverhältnis, dessen geheimer Motor die maßlosen Besitzansprüche Werthers sind. Der Stürmer und Dränger, der sich nach alter aristokratischer Manier in eine Dreierbeziehung verwickelt und darin Unheil stiftet – er dürfte alles andere als ein Erneuerer sozialer Verhältnisse und bürgerlicher Lebensformen sein. Es zeichnet Goethes Psychologie aus, daß er auch für die Maßlosigkeit der Passion Werthers noch ein Motiv anzuführen vermag: jenen „geheimen Zug“ nämlich, der ihn Lotte „vom Anfange ihrer Bekanntschaft teuer gemacht“ hat (S. 100). Wir werden auf diesen geheimen Zug zurückkommen. An dieser Stelle mag der Hinweis genügen, daß Werther Lottes verborgene Empathie für ihn wohl unbewußt nachempfindet und damit seine Leidenschaft endlos nährt.

So sehr Goethe wiederholt eine ironische Distanz zu Werther bezieht, so grandios sind andererseits die Bilder, in die er Werthers Lebensverzweiflung und seine chaotische Liebesbegierde kleidet. Es sind die Bilder einer winterlichen, von Überschwemmung heimgesuchten Natur. „Das fürchterliche Schauspiel“, das sich Werther bietet, wird zum Schreckenstableau seiner Seelenlandschaft:

> Vom Fels herunter die wühlenden Fluten in dem Mondlichte wirbeln zu sehn, über Äcker und Wiesen und Hecken und alles, und das weite Tal hinauf und hinab eine stürmende See im Sausen des Windes. Und wenn der Mond wieder hervortrat und über der schwarzen Wolke ruhte und vor mir hinaus die Flut in fürchterlich herrlichen Widerschein rollte und klang, da überfiel mich ein Schauer und wieder ein Sehnen! Ach! Mit offnen Armen stand ich gegen den Abgrund und atmete hinab! hinab und verlor mich in der Wonne, all meine Qualen, all mein Leiden da hinabzustürmen, dahinzubrausen wie die Wellen. (S. 91 f.)

Eine aufgewühlte Landschaft, von der Überflutung vertikal und horizontal heimgesucht, zeitweise im „Widerschein“ des Mondlichts grell aufleuchtend – darin wird das chaotische Treiben des Wertherschen Eros plastisch reflektiert. Dessen zügellose Dynamik kehrt wieder in der überstürzten Bewegung der außer Rand und Band geratenen Natur. Die Ballung der rasch wechselnden Szenen entspricht der seelischen Bedrängnis Werthers und den gewaltsamen Eruptionen seines Begehrens. Um sich davon zu befreien, projiziert Werther seine Todessehnsucht in den „Abgrund“ der Fluten. Seine visionäre Phantasie sieht alle Qualen und Leiden „dahinbrausen“ in der „stürmenden See“. Todeswollust erfaßt den erregten Betrachter. Die rhythmisch gestuften, präzise skandierten Sätze mit ihren Alliterationen und Assonanzen, ihren eruptiven Wiederholungen und den Verben der reißenden Bewegung verleihen dem Geschehen ein suggestives musikalisches Gepräge. Die Überlebenskraft von Goethes Jugendroman verdankt sich nicht zuletzt seiner Ästhetik – seiner eindringlichen Bilderflut, der kunstvoll hergestellten Dynamik seiner Sätze und ihrer musikalischen Komposition. Der Sturm und Drang ist in Goethes Roman auch ein **ästhetisches** Ereignis, dessen Explosivkraft die des Helden mehr und mehr in den Schatten stellt.

Als Werther seine innere Substanz vollends einzubüßen und in seiner krankhaften Passion sich zu verzehren droht, wünscht Lotte, daß er von ihr, der Familie, von ihrer gesamten Umwelt Abschied nehme (S. 96 f.). Werther faßt daraufhin endgültig den Entschluß zum Abschied vom Leben überhaupt. Bei der letzten Begegnung mit Lotte liest Werther ihr aus seiner Übersetzung des Ossian vor, und zwar jene Seiten, die tränenreich von der Trennung und dem Untergang der Hauptfiguren handeln. Diese Lektüre wirkt bei Werther und Lotte wie ein Katalysator; sie durchbricht die zwischen ihnen gebotene Zurückhaltung: „Sie fühlten ihr eigenes Elend in dem Schicksal der Edlen, fühlten es zusammen und ihre Tränen vereinigten sie." (S. 108) Parallel zur ersten Begegnung Werthers und Lottes, als Klopstock sie zu einem gemeinsamen Erlebnis in einem Strom von Tränen verband, regiert auch jetzt, bei der letzten Begegnung, die Literatur die Herzen: ein Zeugnis für Goethes kunstbewußte Komposition. Diesmal übertrifft die literarische Wirkung diejenige Klopstocks noch an Intensität. Lotte, die Werthers Entschluß zum Freitod ahnt, empfindet eine aus Schmerz, Anteilnahme und erotischer Anziehung erzeugte Verwirrung der Sinne; Werther wagt eine Umarmung, in die Lotte einige Augenblicke lang selbstvergessen einwilligt, um alsbald, „bebend zwischen Liebe und Zorn", wie der Erzähler anmerkt (S. 109), den Heißsporn in die Schranken gesellschaftlichen Anstands zu weisen. Der aber ist am Ziel seiner Wünsche angelangt und kann jetzt den bevorstehenden Freitod mit einem nie zuvor empfundenen „Wonnegefühl" in Szene setzen, erlöst von seinen bisherigen „fieberhaften Zweifeln" (S. 111), durchdrungen von einem Liebesbeweis der so lange umworbenen, umkreisten und eingekreisten Frau. Werther versüßt sich den Freitod, indem er seinen Besitzanspruch auf Lotte für erfüllt hält und darin eine Verheißung für das ewige Leben nach dem Tode erblickt: „Sie ist mein! du bist mein! ja, Lotte, auf ewig!" (S. 111) Mit einem sophistischen Kunststück macht Werther die Religion zur Schirmherrin seines Liebesbesitzes und Gottvater zum Schirmherrn einer Ewigkeit, die er mit Lotte „vor dem Angesichte des Unendlichen in ewigen Umarmungen" verbringen wird (S. 112). Seinen Freitod verklärt Werther mit einer letzten hochtrabenden Illusion: der Illusion einer heiligen und von Gott persönlich gesegneten Liebesewigkeit.

Goethes illusionslose Ironie gilt einem Scheiternden, dessen Sturm und Drang sich zuletzt in der Suche nach einem privaten Liebesbeweis erschöpft und im Rückgriff auf pseudo-religiöse Versatzstücke endet.

5.

Bedeutender, wesentlich bedeutender als der Werther des letzten Romanteils ist die Gestalt der Lotte. Goethe hat mit dieser Frau ein faszinierendes Gegengewicht zur männlichen Hauptfigur geschaffen. Den vom fürstlichen Hofe zurückgekehrten Liebhaber durchschaut sie mit unvergleichlicher Klarheit. Seine Neigung, alles auf die Spitze zu treiben, sich absolut zu setzen, anstatt die eigenen Talente und Kräfte besonnen auszuschöpfen, kommentiert Lotte ebenso scharfsichtig wie einfühlsam:

> „Oh! warum mußten Sie mit dieser Heftigkeit, dieser unbezwinglich haftenden Leidenschaft [...] geboren werden. Ich bitte Sie“, fuhr sie fort, indem sie ihn bei der Hand nahm, „mäßigen Sie sich, Ihr Geist, Ihre Wissenschaft, Ihre Talente, was bieten die Ihnen für mannigfaltige Ergötzungen dar! Sein Sie ein Mann, wenden Sie diese traurige Anhänglichkeit von einem Geschöpfe, das nichts tun kann, als Sie bedauren.“ (S. 96 f.)

Lotte redet Klartext, aber sie tut es mit ermutigendem Zuspruch. Sie führt Werther nicht nur die Hoffnungslosigkeit seiner Leidenschaft vor Augen, sie bringt auch seine Intelligenz und seine Bildung als hilfreiche, lebensrettende Kräfte ins Spiel. Mit ihrer Aufforderung zur Mäßigung der verderblichen Leidenschaft ist sie ebenso Sprachrohr des Autors wie mit ihrem Appell „Sein Sie ein Mann“. Der Jüngling vor ihr sollte endlich erwachsen werden, anstatt ein ewig Gestriger zu bleiben! Daß Werther Lottes Rede nur mit Zähneknirschen und düsterer Miene quittiert, offenbart den Verfall seines Reflexionsvermögens. Lotte, klug und psychologisch tief blickend, konfrontiert ihn mit einer verborgenen Triebfeder seiner Leidenschaft. Kann sie vielleicht damit Werthers gedankliche und seelische Barrieren erweichen, ihn zum Nachdenken bewegen?

> „Nur einen Augenblick ruhigen Sinn, Werther", sagte sie. „Fühlen Sie nicht, daß Sie sich betrügen, sich mit Willen zugrunde richten? Warum denn mich! Werther! Just mich! das Eigentum eines andern. Just das! Ich fürchte, ich fürchte, es ist nur die Unmöglichkeit, mich zu besitzen, die Ihnen diesen Wunsch so reizend macht." (S. 96 f.)

Lotte benennt jenen Besitzwunsch, der einen anderen Menschen nicht als Person ehrt, sondern als eine Wertsache, die den Besitzerstolz erhöhen soll. Die Attraktivität der Wertsache steigt proportional zur Schwierigkeit, sie zu erwerben und zu erobern. Das reizt wiederum die Eroberungslust des Liebhabers und provoziert seine narzißtische Begehrlichkeit. Werther muß sich in der Tat fragen lassen, ob diese Triebdynamik, die einen Menschen zur Wertsache verdinglicht, nicht längst seine Liebe überlagert, die doch auf das Wohl der Person gerichtet sein sollte. Werther folgt dagegen dem Drang zu besitzen und zu haben, diesem uralten patriarchalischen Drang; er ignoriert die tiefen Bedürfnisse Lottens, ihr eigenes Leben zu leben, fern von diesem Störenfried, der aus ihrer Person einen Fetisch macht. Daher lädt sie ihn zur Überprüfung seiner vermeintlichen Liebe und zur Umorientierung seiner Herzensangelegenheiten ein:

> „Und sollte denn in der weiten Welt kein Mädchen sein, das die Wünsche Ihres Herzens erfüllte. Gewinnen Sie's über sich! Eine Reise wird Sie, muß Sie zerstreuen! Suchen Sie, finden Sie einen werten Gegenstand all Ihrer Liebe, und kehren Sie zurück, und lassen Sie uns zusammen die Seligkeit einer wahren Freundschaft genießen." (S. 97)

Das ist die Sprache eines Erwachsenen, seelenkundig und realitätskundig, einfühlsam und in die Zukunft vorausblickend. Lotte tritt hier in jener Mutter-Rolle auf, die Werther bisher an ihr geliebt hat. Gefangen in seinem pathologischen Starrsinn, kann er jedoch Lottens Rede nurmehr als Liebesentzug begreifen, nicht als lebensnahe und schwesterliche Einrede, nicht als wegweisenden Rat einer neuen „wahren Freundschaft". Narziß verschanzt sich vielmehr hinter seiner „Lieblingsidee", der Idee des Selbstmords.

Goethe hätte es sich als Erzähler bequem machen und die Gestalt Lottes in dieser Souveränität, gepaart mit schwesterlicher

Einfühlungskraft, belassen können. Er hat einen schwierigeren, menschlich komplizierteren Weg eingeschlagen und Lotte in ihrer Liebesschwäche für Werther, in ihrer Verführbarkeit dargestellt. „Ein geheimer Zug", so kommentiert der Erzähler, hatte ihr den jungen Werther „vom Anfange ihrer Bekanntschaft teuer gemacht" (S. 100), so teuer, daß sie ihn, allen Widrigkeiten zum Trotz, nicht verleugnen will. Was ist das für ein „geheimer", verwandtschaftlicher „Zug"? Wir können erneut die Klopstock- und die Ossian-Szene ins Feld führen und diesen „Zug" als die Empfänglichkeit für Natur und Poesie bestimmen. Wir können ferner Lottens und Werthers Vorliebe für Kinder, ihre Sensibilität für die Eigenart des Kindesalters namhaft machen, und wir können auf Lottes „tätige Liebe" und Hilfsbereitschaft gegenüber jedermann erinnern, die Werther mit seiner Neigung für Angehörige der niederen Schichten, für das „Volk" teilt. Und ist Werthers Kindlichkeit und Wehrlosigkeit nicht auch ein Charakterzug, der Lottes Mütterlichkeit sympathisch berühren muß? Es gibt eine Reihe von Beweggründen für Lotte, den Freund nicht kategorisch von sich fernzuhalten wie Albert, ihr Ehemann, das wünscht, wenn er Lotte dazu auffordert, „wenigstens um der Leute willen" Werthers allzuhäufige „Besuche ab[zu]schneiden" (S. 94). Lotte ist durchaus nicht die Frau, ihren Mann, den sie liebt und dem sie die Treue zu halten gedenkt, zu verklären oder ihm Gehorsam zu leisten um jeden Preis. Sie entspricht in dieser Hinsicht durchaus nicht dem traditionellen Bild der Frau. Sie weigert sich, im Bewußtsein „ihrer Unschuld", Werther aus dem Haus zu werfen, wie dies Albert gewünscht hätte, als der Liebhaber eines Abends ungebeten kommt. „Mit einigem Stolze", lesen wir, „empört sie sich" gegen Alberts Anordnung (S. 101) und nimmt Werther gastfreundlich auf. Lotte handelt in Grenzen selbständig und nimmt Verantwortung auf sich, mehr als die normale bürgerliche Frau ihrer Epoche. Sie versucht in der komplizierten Dreierbeziehung lange Zeit eine Balance zwischen den beiden Männern zu finden, die ihrerseits sich wechselseitig als Rivalen aufführen und aus ihrer Feindschaft keinen Hehl machen.

Allerdings übernimmt sich Lotte bei ihrem Balanceakt, als nach der Lektüre Ossians ihr Eros sich für Augenblicke dem Drängen Werthers öffnet. Weder Sitte und Anstand gemäß dem Moralkodex ihrer Zeit noch ihre Treuepflicht gegenüber Albert erlauben ihr diesen „faux pas". Aber es handelt sich eben nicht einfach um einen „faux pas“, sondern um eine Liebesbezeugung, die aus der verborgenen Tiefe ihrer Beziehung zu Werther hervorgeht. Hier ist jener „geheime“ wahlverwandtschaftliche „Zug“ im Spiel, den wir skizziert haben. Lotte folgt, ohne sich zu verstellen, einem Impuls, den sie auch Stunden später nicht verleugnen kann: „Wider ihren Willen fühlte sie tief in ihrer Brust das Feuer von Werthers Umarmungen“ (S. 112). Prägnant erfaßt der Erzähler die Ambivalenz von sinnlich-natürlicher Regung und gesellschaftlicher Sitte bei Lotte. Ebenso prägnant erfaßt er das Widerspiel zwischen der „Liebe“, die Lotte gegenüber ihrem Mann empfindet, und der „Schuld“ ob ihres Treuebruchs. Auch hier lotet sie unbeschönigt ihren Zwiespalt aus (S. 112 f.). Diese Frau besitzt eine Wahrhaftigkeit und eine Delikatesse des Empfindens, die sie zu einer einzigartigen Figur machen. Gesellt man dazu ihr Ethos als Stellvertreterin der früh verstorbenen Mutter, ferner ihre soziale Empathie, ihre Intelligenz und Lebensklugheit, so entsteht ein Bild vom emanzipatorischen Potential einer Frau des 18. Jahrhunderts, von ihren kreativen Anlagen und Möglichkeiten. Goethe entwirft dieses Bild ohne Schönfärberei, sukzessive, Zug für Zug in epischer Stufenfolge. Er zeichnet einen Frauentypus, der bedeutsamer ist als mancher Stürmer und Dränger. Es ist an der Zeit, daß wir unsere auf männliche Gestalten fixierte Betrachtung des Sturm und Drang ergänzen durch die Würdigung von Frauenfiguren, wie Goethes Jugendroman sie entworfen hat.

6.

Goethes Jugendroman hat, wie wir wissen, ein regelrechtes „Werther-Fieber“ ausgelöst, das wohl jugendliche Leser da und dort zum Selbstmord geführt, zum Selbstmord verführt hat, nach dem Beispiel des unglückseligen Helden. Offenbar waren die ironischen Signale des Erzählers, die wir offenzulegen suchten, nicht deutlich, nicht markant genug, um den einen und anderen Leser vor der Nachahmung des Heldenschicksals zu bewahren; offenbar gingen diese Signale unter in der Sogwirkung einer neuen Ästhetik der Leidenschaft und Spontaneität. Man darf annehmen, daß es gerade die innovative Kraft dieser Ästhetik war, die das lesende Publikum überraschte und in Bann schlug, weil sie die Sprache der Empfindsamkeit, an die es gewohnt war, überbot und ihm ungewohnte Seelenschichten erschloß. Denn mit Werther trat ein junger Mann auf den Plan, der so rückhaltlos wie nie zuvor Natur und Umwelt „durchfühlt“ und „sein Innenleben hervorerzählt“[5]. Und dies geschieht auf eine Weise, die mehr ist als ein Erzählakt, nämlich mit dem Einsatz der körperlichen Gebärdensprache. Die entsprechende Leser-Wirkung läßt sich an der Reaktion des Schriftstellers Christian Friedrich Daniel Schubart ermessen, der mit erregter Feder notierte: „Da sitz ich mit zerfloßnem Herzen, mit klopfender Brust und mit Augen, aus welchen wollüstiger Schmerz tröpfelt und sag Dir, Leser, daß ich eben *Die Leiden des jungen Werthers* von meinem lieben Göthe – gelesen? – nein, verschlungen habe.“[6] Schubarts lustvoller Körperschmerz hängt aufs innigste mit der *Körpersprache* des *Werther* zusammen. Nicht ohne Grund vergleicht der Held einmal die Dynamik einer Leidenschaft mit einem Krankheitsbild – mit steigendem „Fieber“ und dem „Tumult“ des Blutes (S. 50). Werthers eigene Passionsgeschichte hat die Gestalt einer Fieberkurve, die unaufhaltsam dem tödlichen Höhepunkt zutreibt, Ströme von Tränen in ihrem Gefolge, eine „fürchterliche Empörung“ der Sinne erzeugend (S. 98), von „einem heftigen Ausbruch“ nach dem andern begleitet (S. 90), mit bösen Folgen für „Brust“ und „Gurgel“ (S. 91) und namentlich für den Eros, der die verpönteste aller Begierden, die sexuelle, zulassen muß. Wer sich daran erinnert, wie ungeniert die maßgeblichen Bildungs-Institutionen der Zeit, Kirche, Schule, Universität, öffentliche Moral, alle Zeichen einer freien Körpersprache verfolgten, kann sich den faszinierenden Affront der so leiblichen Passion Werthers vorstellen. Und wer bedenkt, daß man damals selbst von der Sprache der Affekte Maß und Beherrschung erwartete, mag die sprengende Wirkung

5 So Volker Klotz im „Werther“-Kapitel seiner umfassenden Darstellung „Erzählen. Von Homer zu Boccaccio, von Cervantes bis Faulkner“. München 2006, S. 381.

6 Vgl. zu den folgenden Ausführungen meinen Aufsatz: Gert Sautermeister: Vom Werther zum Wanderer zwischen beiden Welten. Über die metaphysische Obdachlosigkeit bürgerlicher Jugend. In: „Mit uns zieht die neue Zeit“. Der Mythos Jugend. Hrsg. von Thomas Koebner, Rolf-Peter Janz und Frank Trommler. Frankfurt a. M. (edition suhrkamp) 1985. S. 438–478, hier S. 446 f. Vorstehendes Zitat nach Peter Müller: Der junge Goethe im zeitgenössischen Urteil. Berlin (Ost) 1969, S. 209.

der rücksichtslosen Selbstentblößung Werthers nachfühlen. Der Briefroman als eine Modeform der empfindsamen Epoche wurde zum intimen Tagebuch; indem Goethe den Brief-Partner nur zum Schein in Szene setzte, revolutionierte er das dialogische Genre ästhetisch, revolutionierte es durch den „leidenschaftlichen Monolog", der nach Lenzens Worten den leidenschaftlichen Leser forderte.[7] Es entstanden eine *leiblich-seelische Expressivität* und eine *ich-besessene Intimität,* die den Choc und die Faszination als Hauptwirkung jenseits rationaler Kontrolle erzeugten. Ich sehe darin Grundzüge einer rebellischen Jugend-Ästhetik, Grundzüge, die der leidenschaftlich-narzißtischen Körperlichkeit des jugendlichen Lebensalters entsprechen dürften, und zwar bis heute.

Das „Wertherfieber", das zwei bis drei Jugendgenerationen erfaßte, ist Sinnbild der ersten *literarisch vermittelten* Jugendbewegung in Deutschland.[8] Sie entstand aus der Identifikation mit dem literarischen Helden und seinem Schicksal. Insofern ist diese Jugendbewegung an ein fatales Mißverständnis gekettet. Sie nahm die kritische Distanz nicht wahr, die der Erzähler des *Werther* zu seinem Helden einhielt. Sie zog ohne viel Federlesens einen literarischen Lebenslauf ins wirkliche Leben hinein, ohne Goethes kunstvolle Montagetechnik zu bemerken. Sie empfand als lebensecht und als Lebensempfehlung, was doch unverkennbar die Spuren einer ironischen Konstruktion trug.

Die kritische Ironie Goethes entging auch den Erziehern, Pädagogen und Seelenhirten im damaligen Deutschland. Sie faßten die „Krankheit zum Tode", die Werther ausagiert, umstandslos als Einladung an die Leserschaft auf, es dem Helden gleichzutun. Ihre subalternen Mahnungen schienen ihnen das rechte Heilkraut gegen eine literarische Breitenwirkung, der sie globale Ausmaße, staatsgefährdende gar, zutrauten: Werke wie der „Werther", so taten sie kund, „entflammen die Leidenschaften,

7 Peter Müller: Der junge Goethe im zeitgenössischen Urteil. Berlin (Ost) 1969, S. 221 f.

8 Zur Geschichte auch nichtbürgerlicher Jugendbewegungen vgl. John R. Gillis: Geschichte der Jugend. Tradition und Wandel im Verhältnis der Altersgruppen und Generationen in Europa von der zweiten Hälfte des 18. Jahrhunderts bis zur Gegenwart (Weinheim und Basel 1980).

erschlaffen alle Kräfte zur wohltätigen Arbeit für die menschliche Gesellschaft, und machen unaufhaltbar die Menschen und Staaten unglücklicher“.[9] So der aufgeklärte Physiokrat Johann August Schlettwein, der aus dieser schaurigen Vision höchst praktisch die „Notwendigkeit der Censur“ ableitete. Schlettweins Angst dürfte von der unterirdischen Sprengkraft des *Werther* genährt worden sein, der Sprengkraft seiner Ästhetik. Erst durch sie erhielt das Werk den Haut goût einer „Lockspeise des Satans“, die dem Hamburger Pastor Goeze so bedrohlich in die orthodoxe Zensur-Nase duftete.[10]

Betrachten wir die beiden zuletzt hervorgehobenen Erzählhaltungen im „Werther“ gleichzeitig, so zeigt sich uns eine für den Sturm und Drang charakteristische Ambivalenz: auf der einen Seite die *kritische Haltung der Aufklärung*, die bekanntlich die Stürmer und Dränger mitgeprägt hat und die sich in der skeptisch-ironischen Distanz des Erzählers zu Werthers Neigungen und Vorlieben bekundet; auf der anderen Seite eine innovative, über die Aufklärung hinauszielende Ästhetik, deren radikale, *leiblich-seelische Expressivität* und *abgründige Intimität* die aufklärerische Ausdruckshaltung durchbrechen. Prägung durch die Aufklärung *und* eine die aufgeklärte Vernunft sprengende Gefühlskraft verweisen, wie Gerhard Sauder und Matthias Luserke dargelegt haben, auf ein dem Sturm und Drang innewohnendes Spannungsfeld.[11] Davon zeugt auch Goethes „Werther“.

Diese literarhistorische Betrachtungsweise verbannt die Gegenstände durchaus nicht ins Museum. Gerade die leidenschaftlich expressive und rückhaltlos intime Erzählweise Werthers läßt sich auch als Grundzug einer Jugend-Ästhetik ins Spiel bringen, die über die Goethe-Zeit hinausreicht. Daran möchte ich einige didaktische Überlegungen anschließen.

9 Zitiert nach Georg Jäger: Die Wertherwirkung. Ein rezeptionsästhetischer Modellfall. In: Historizität in Sprach- und Literaturwissenschaft. Hrsg. v. Walter Müller-Seidel. München 1974. S. 389–409, hier S. 399.

10 Zitiert nach einer Polemik Goezes, die sich im Anhang der Studie Klaus R. Scherpes findet: Werther und Wertherwirkung. Zum Syndrom bürgerlicher Gesellschaftsordnung im 18. Jahrhundert. Bad Homburg vor der Höhe, Berlin, Zürich 1970. S. 6.

11 Siehe dazu Matthias Luserke (Anm. 2) und die dort verzeichnete wissenschaftliche Literatur.

7.

Werthers Leidenschaft ist der Liebe und der Natur mit gleicher Intensität zugewandt. Dabei kann jeweils eine überschwenglich positive und eine niederschmetternd negative Gefühlsrichtung hervortreten. Die Beweglichkeit seiner Seele und seines Geistes ermöglicht Werther beispielsweise eine ekstatische Einfühlung in die rasch wechselnden und kontrastreichen Erscheinungen der Natur, wie der Brief vom 10. Mai bezeugt. Ein Gegenbeispiel: Als die Geliebte sein erotisches Begehren abwehrt, erfaßt ihn eine wachsende Verzweiflung, die einen kongenialen Ausdruck findet in Werthers nächtlichem Umherstreifen im „unwegsamen Wald“ (Brief vom 30. August). Polare Seelenspannungen, wie sie im Gegensatz dieser beiden Briefe Profil gewinnen, sind für das Jugendalter besonders charakteristisch. Indem Goethe die seelischen Extreme plastisch konkretisiert, sie in körperlicher Bewegung und im landschaftlichen Raum versinnlicht, verleiht er ihnen eine einprägsame Anschaulichkeit. Sie werden nicht rhetorisch oder begrifflich abstrakt benannt, sondern eröffnen dem Leser, zumal dem jugendlichen, einen Spielraum von Bewegungen, Gebärden und Landschaften, in dem sich seine Phantasie entfalten und sein Innenleben Kontur gewinnen kann. Wenn darüber hinaus die seelischen Extreme Werthers, seine paradiesische und seine todesnahe Landschaftserfahrung, in *einem* Brief (18. August) kontrastiert werden, so kann der Leser den Nachvollzug der Seelenzustände Werthers ergänzen durch Goethes kunstbewußte Engführung der Extreme. Die Offenheit für polare Spannungszustände, die der charakteristischen Disposition des Jugendalters entsprechen, kann sich zwanglos mit reflektiertem Kunstgenuß verbinden.

Daß Goethes Jugendroman das Seelendrama Werthers kunstvoll als Landschaftsdrama vorführt, gehört zu seinen ästhetischen Vorzügen, die auch didaktische Impulse freisetzen können. Eine Situation mag dies beispielhaft erläutern. Als in aufgewühlter Nacht die „stürmende See“ das Tal überflutet und die Flut, vom Mond und einer „schwarzen Wolke“ beglänzt, synästhetisch „in fürchterlich herrlichem Widerschein rollte und klang“, verliert sich Werther in der doppelsinnigen „Wonne“, „alle meine Qualen, all mein Leiden da hinabzustürmen, dahinzubrausen wie die Wellen“. (S. 92)

Die entfesselte Natur lädt den am Leben Verzweifelnden zum Freitod geradezu ein. Aber glaubwürdig kann das nur wirken, weil ihre Entfesselung kunstbewußt inszeniert ist durch eine dramatische Raumgliederung und gesteigerte Sinneseindrücke, das heißt: durch eine aufgewühlte Horizontale (See und Flut) und einen gespenstisch wirkenden vertikalen Lichteinfall, beides im Bund mit einer sinnenbetörenden Synästhesie von Optik („fürchterlich herrlicher Widerschein“) und Akustik („rollte und klang“). Das kühne Oxymoron „fürchterlich herrlich“ pointiert den hier stattfindenden nächtlichen Vorgang: die Natur gewinnt eine suggestive Gewalt über das leidende Subjekt; Werthers „Wollust“ zur Selbstauflösung im hohen Wellengang wirkt nun vollkommen glaubwürdig. Die Faszination durch die Katastrophe wird nicht willkürlich gesetzt, sie erwächst zwingend aus dem Ineinanderspiel von Landschaft und Seelenleben. Nur literarische Delikatesse vermag ein Verhängnis derart authentisch in Szene zu setzen. Werthers spontan anmutende Anwandlung zum Freitod ist das Resultat sorgfältig abgestufter und miteinander verknüpfter Naturwahrnehmungen und Seelenregungen. So können Lesende und Lernende ästhetische Sensibilität entwickeln – und aktuellen Moden wie dem Horrorgenre mit seinen artifiziellen Knalleffekten und nervenaufreibenden Sadismen ihre Ironie entgegensetzen. Geschmacksbildung durch anspruchsvolle Literatur mindert die Lust an einem Kulturgewerbe, das die Brutalisierung mit der trivialsprachlichen und –bildlichen „Ästhetik“ des Schreckens betreibt.

Aus didaktischer Perspektive bietet Goethes Jugendroman insbesondere einen medialen Gesichtspunkt für einen Vergleich mit moderner Kulturindustrie an. Das „Klopstockfieber“, das von Werther und Lotte wie auch von ihren Altersgenossen Besitz ergriff, fand seine Fortsetzung im „Wertherfieber“. Seine Fortsetzung und zugleich seine umfassende, populäre Steigerung. Die vielfältigen und weitverbreiteten Spiegelungen der Kleidung Werthers und Lottes in Kupferstichen, in Glas- und Porzellanmalerei, die literarischen Nachahmungen des Werther-Schicksals und die Schmähschriften gegen den Roman, die jugendbewegte emphatische Gefühlspflege, die sich auf Werther berief – all das bildete schon eine Kulturindustrie en miniature. Ein literarisches Produkt wurde erstmals in diesem erstaunlichen Umfang zur Massenware hergerichtet. Mit der „Werther“-Rezeption im 18. Jahrhundert können wir Marktmechanismen der Moderne exemplarisch an ihrem Ursprung erfassen. Das Fortleben der „Werther"-Vermarktung läßt sich an einem Film aus jüngster Zeit beispielhaft erörtern. Sein Titel: „Goethe". Was macht ein Massenmedium von heute aus Goethes „Werther", um auf dem Markt zu reüssieren? Welche Veränderungen nimmt es an diesem Roman vor, welche Begebenheiten, Situationen und Konflikte greift es als überliefernswerte und überlebenskräftige auf? Die Fragestellung kann für eine Wiederlektüre des „Werthers" und für die Einsicht in kulturindustrielle Verfahrensweisen produktiv werden.

Ein Blick in die Geschichte der Hamburger Goethe-Gesellschaft

Auf dem Höhepunkt der Goethe-Verehrung im wilhelminischen Kaiserreich wurde 1885 das Weimarer Goethe-Haus am Frauenplan der Öffentlichkeit zugänglich gemacht. Im selben Jahr gründeten Ludwig Geiger und Hermann Freiherr von Leon die Weimarer Goethe-Gesellschaft, und in der Folge entstanden über Jahrzehnte hinweg bis heute zahlreiche Ortsvereinigungen.

Nach dem Ersten Weltkrieg, nach der Inflation und – in deren Gefolge – der Verarmung der Bildungsschichten war es schon ein bemerkenswertes Zeichen geistiger Neuorientierung, daß 1924 – zu Goethes 175. Geburtstag – durch den Einsatz des Germanisten Prof. Dr. Robert Petsch und die Tatkraft des Rechtsanwalts Dr. Hermann Kleinschmidt auch in Hamburg eine Ortsvereinigung der Goethe-Gesellschaft ins Vereinsregister eingetragen wurde. Dr. Dr. h.c. Erich Grisebach, Präsident eines Gerichtssenats und Nachfahre jener Frankfurter und Jenenser Pfarrersfamilie, die in beiden Städten eng mit Goethe verbunden war, übernahm den Vorsitz und behielt ihn auch nach seiner Zwangspensionierung 1933 bis zu seinem Tode 1941 bei.

Auf Grisebach folgte zunächst kommissarisch, dann 1942 auch förmlich Prof. Dr. Wilhelm Flitner von der Universität Hamburg, einer der Mitbegründer der geisteswissenschaftlichen Pädagogik, der auch als Goethe-Autor hervorgetreten ist. Unter seinem Vorsitz bewahrte sich die Hamburger Goethe-Gesellschaft weiterhin durch kluge Zurückhaltung und bewußte Beschränkung auf Goethe-Vorträge und Goethe-Rezitationen ihre Unabhängigkeit bis in die ebenfalls schwierigen Nachkriegsjahre hinein.

Als Wilhelm Flitner unter dem Druck der Arbeit wegen gesundheitlicher Belastungen 1947 das Amt abgeben mußte, entstand für die Hamburger Goethe-Gesellschaft in den unruhigen Nachkriegsjahren eine schwierige Lage: Der neue Vorsitzende, Wolfgang Mersmann, kam als Leitender Regierungsdirektor aus der Hamburger Finanzadministration, ging aber bereits 1948 in die entstehende westdeutsche Finanzverwaltung nach Bad Homburg über. Die Kontinuität der Arbeit in der Hamburger Goethe-Gesellschaft wurde über Jahre vor allem von der 1. Schriftführerin, Frau Dr. Irene Fink, gewährleistet; die Veranstaltungen zu Goethes 200. Geburtstag 1949 vermittelte in erster Linie der Literaturwissenschaftler Prof. Dr. Erich Trunz (Universität Münster), der auch den festlichen Hamburger Jahresband *Goethe: Wilhelm Tischbeins Idyllen* herausgab.

In den ersten Jahren der Bundesrepublik strebte dann die Hamburger Goethe-Gesellschaft zu neuen Entwicklungen und Darstellungsformen: Für eine Übergangszeit lenkte der stellvertretende Vorsitzende, der Wirtschaftsjurist und Bibliophile Dr. Robert Johannes Meyer von der Gesellschaft der Bücherfreunde, die Geschicke der Hamburger Gesellschaft, bis der Goethe-Forscher Prof. Dr. Hans Pyritz von 1953 bis 1956 den Vorsitz übernahm. Danach versuchte die Vereinigung unter der Leitung des langjährigen Direktors der Hamburger Öffentlichen Bücherhallen, Dr. Rudolf Joerden, aus dem Kreis der Philologen und Bücherexperten hinaus auf neue Wege breiterer Wirkung zu gelangen. Dieses Bestreben verstärkte sich noch unter dem Einfluß des Kulturpolitikers Dr. Hans-Harder Biermann-Ratjen, der von 1966 bis zu seinem Tode 1969 den Vorsitz der Gesellschaft innehatte.

Nicht nur durch das Ableben Biermann-Ratjens, sondern auch durch die gesellschaftlichen Unruhen und Umbrüche der Zeit sah sich die Hamburger Goethe-Gesellschaft in ihrem Bestreben angegriffen und in ihrer Existenz in Frage gestellt. Damals bewahrte – zusammen mit dem übrigen Vorstand – der Leitende Oberschulrat Curt Zahn die Hamburger Goethe-Gesellschaft fast buchstäblich vor dem Niedergang. Die Festigung der Vereinigung und die Verbreiterung ihrer Wirksamkeit, u. a. durch eine Öffnung des Vortragsprogramms für die neuere Literatur und allgemein interessierende Themen, dankte die Mitgliederversammlung Curt Zahn nach achtzehnjährigem Vorsitz (1969–1987) durch die Wahl zum Ehrenvorsitzenden.

Der nachfolgende Vorstand unter dem Vorsitz des Oberschulrats Gerhard Nöthlich (1987–1996) konnte die von Curt Zahn eingeschlagene Linie ebenso erfolgreich fortsetzen wie das Programm um literarische Reisen und Exkursionen mit großer Resonanz erweitern. Besonders durch die deutsche Wiedervereinigung boten sich hier bislang schwer erreichbare Regionen und Ziele, mehr noch: Orte und Ortsvereinigungen zu Treffen mit fruchtbaren zwischenmenschlichen Begegnungen im Austausch an. Auch Gerhard Nöthlich sprach die Hamburger Goethe-Gesellschaft für fortdauerndes nachhaltiges Wirken den Titel eines Ehrenvorsitzenden zu.

Dr. Klaus Baumann vermochte als Erster Vorsitzender von 1996 bis 2002 das vorgegebene Konzept fortzuführen und um fruchtbare Neuansätze zu erweitern, z. B.

- mit der Ergänzung des Programms um ein jährliches, stark besuchtes Klassik-Seminar an einem Wochenende und
- mit der Ausdehnung der vielgefragten Reisen auf Goethes (und anderer) Spuren auch ins Ausland.

Einen Höhepunkt dieser Amtsperiode stellten mit einer Tagung der Vorstände aller deutschen Ortsvereinigungen in Hamburg die Feiern zu Goethes 250. Geburtstag dar.

Seit 2002 steht mit Ragnhild Flechsig als zehnte Vorsitzende zum ersten Mal eine Frau an der Spitze der Hamburger Goethe-Gesellschaft. Unter ihrer Leitung feierte die Vereinigung im Jahr 2004 ihr 80-jähriges Bestehen.

Auf dem Wege zum 85. Geburtstag entwickelte sich die Hamburger Goethe-Gesellschaft den Zeitumständen gemäß in den vorgezeichneten Bahnen weiter: Am Anfang stand hier eine Verjüngung des Vorstands und entsprechend eine Erneuerung der Zuhörerschaft bei den Vorträgen. Der erweiterte Hörerkreis führte z. B. bei den jährlichen „Klassik-Seminaren“ zu einer Zusammenarbeit mit dem Landesinstitut für Lehrerbildung und Schulentwicklung und zu einer Nutzung der hilfreichen Möglichkeiten dieser Einrichtung.

Impressum

Herausgeber: Ortsvereinigung Hamburg der
Goethe-Gesellschaft in Weimar e. V.

Reihengestaltung: Janos Stekovics
Satz: Hans-Jürgen Paasch

ISBN 978-3-89923-279-0